CIÊNCIA OCULTA
EM MEDICINA

Franz Hartmann

CIÊNCIA OCULTA
EM MEDICINA

Tradução:
Ordem dos Veladores do Templo — *Militia Templi* —
Grande Comendadoria do Brasil
Congregação dos Hospitaleiros

Publicado originalmente em inglês sob o título *Ocult Science in Medicine*.
Direitos de tradução para todos os países de língua portuguesa.
© 2021, Madras Editora Ltda.

Editor:
Wagner Veneziani Costa
Produção e Capa:
Equipe Técnica Madras

Tradução:
Ordem dos Veladores do Templo – *Militia Templi* –
Grande Comendadoria do Brasil
Congregação dos Hospitaleiros

Revisão:
Maria Cristina Scomparini
Roseli Fátima Gonçalves
Miriam Rachel Ansarah Lusso Terayawa

**Dados Internacionais de Catalogação na Publicação
(CIP)(Câmara Brasileira do Livro, SP, Brasil)**

Hartmann, Franz
  Ciência oculta em medicina/Franz Hartmann; tradução Ordem dos Veladores do Templo, Militia Templi, Grande Comendadoria do Brasil. – 2. ed. –São Paulo: Madras Editora, 2021.
  Título original: Ocult science in medicine
  ISBN 978-65-5620-013-2

  1. Ciências ocultas 2. Medicina 3. Ocultismo I. Título.

  21-54977   CDD-133

  Índices para catálogo sistemático:
  1. Ciências ocultas 133
  Aline Graziele Benitez – Bibliotecária – CRB-1/3129

Os direitos de tradução desta obra pertencem à Madras Editora, assim como a sua adaptação e coordenação. Fica, portanto, proibida a reprodução total ou parcial desta obra, de qualquer forma ou por qualquer meio eletrônico, mecânico, inclusive por meio de processos xerográficos, incluindo ainda o uso da internet, sem a permissão expressa da Madras Editora, na pessoa de seu editor (Lei nº 9.610, de 19.2.98).

Todos os direitos desta edição, em língua portuguesa, reservados pela

MADRAS EDITORA LTDA.
Rua Paulo Gonçalves, 88 – Santana
CEP: 02403-020 – São Paulo/SP
Caixa Postal: 12183 – CEP: 02013-970
Tel.: (11) 2281-5555 – (11) 98128-7754
www.madras.com.br

DEDICADO

A TODO ESTUDANTE DE MEDICINA.

"*Aquilo que é tido por uma geração como o ápice do conhecimento, com frequência, é considerado como absurdo pela próxima, e aquilo que em um século é considerado como superstição pode constituir o fundamento de uma ciência no século seguinte.*"

Teophrasto Paracelso

ÍNDICE

PREFÁCIO 9
INTRODUÇÃO À EDIÇÃO BRASILEIRA 13
INTRODUÇÃO 17
Definição de doença. Lei e ordem. Harmonia e desarmonia. Obediência. O Homem como um ser complexo. Saúde.

1. A CONSTITUIÇÃO DO HOMEM 21
Milagres da natureza. Desenvolvimento. Os sete princípios da constituição humana. A anatomia do "homem interior". Medicina e religião. Teophrasto Paracelso. Mistérios. Ciência mística e falso misticismo. Os poderes da alma.

2. OS QUATRO PILARES DA MEDICINA 33
Requisitos para a prática da medicina. *Filosofia*. Ciências naturais. O mundo fenomênico. O templo interior. Verdade. Os quatro reinos e os quatro elementos. *Astronomia*. Mente. Estados de consciência. "Estrelas" e constelações. Os *Tattwas*. Sol e Lua. Pensamento e pensador. *Alquimia*. Charlatões e impostores. *As três substâncias*. O poder criativo. Alquimia terrestre. Alquimia celeste. Alquimia astral. *As virtudes do médico*. O verdadeiro médico. Ciência médica e sabedoria médica.

3. AS CINCO CAUSAS DAS DOENÇAS 57
Sal, Sulphur e Mercúrio. Ens Astrale. O Éter. Influências invisíveis. Micróbios. O plano astral. Doenças mentais. *Ens Veneni*. Venenos

e impurezas. Desarmonias, simpatias e antipatias em química. Um romance químico. Impureza sexual. Intercursos promíscuos. Nutrição. Correspondências entre energias espirituais e forças físicas. *Ens Naturæ*. O macrocosmo e o microcosmo. A constituição dual do homem. Natureza terrestre e natureza celeste. Geração e encarnação. Hereditariedade. Relações entre os órgãos internos. *Ens Espirituale*. Consciência. Espírito e alma. O corpo-pensamento. Reencarnação. Vontade. Imaginação. *Arcana*. Memória. A luz astral. *Ens Dei*. Deus. Carma. Ciência e arte.

4. AS CINCO CATEGORIAS DE MÉDICOS 83
Cinco categorias. *Naturales*. Terapêutica. Terra. Água. Ar. Fogo. Éter, o único elemento. *Specifici*. Empirismo. A química da vida. Princípios de luz e de cores. O homem astral. *Caracterales*. Emoções. Hipnotismo. Sugestão. Poderes espirituais. *Spirituales*. Magia. *Fideles*. O poder da fé.

5. A MEDICINA DO FUTURO 97
Charlatanismo antigo e moderno. Ciência e sabedoria. Espiritualidade e substancialidade. Desenvolvimento. Autocontrole. Realismo e idealismo. A realização do ideal. O médico do futuro. Autoconhecimento. A verdadeira vida. O despertar da alma. Reinos fenomênico e numênico. A mais elevada ciência. Evolução espiritual e material. Intelectualidade e espiritualidade. Periodicidade. Movimentos circulares e progresso espiralar. O reconhecimento pessoal da verdade.

PREFÁCIO

"Nada designa melhor o caráter de um povo do que aquilo que ele acha ridículo."

Goethe

Para aqueles que estudaram a Natureza não é totalmente desconhecido o fato de que existe uma certa Lei de periodicidade, em função da qual as formas desaparecem e as verdades por elas contidas tornam a aparecer, incorporadas em novas formas. As estações do ano vão e vêm; civilizações passam e tornam a se desenvolver, sempre exibindo as mesmas características da anterior; ciências são perdidas e redescobertas, e a medicina não constitui uma exceção a esta regra geral. Numerosos tesouros valiosos do passado foram lançados no esquecimento; inúmeras ideias irradiantes como estrelas luminosas no céu da medicina antiga desapareceram durante a revolução do pensamento e agora tornam a despontar no horizonte mental dos homens, batizadas com novos nomes e recebidas com surpresa, como se constituíssem algo que jamais houvesse existido anteriormente.

Nossa era materialista foi precedida por eras de espiritualidade, e outras de mais elevado pensamento espiritual certamente se seguirão. Durante essas eras precedentes, muitas verdades extremamente valiosas foram conhecidas, mas perdidas de vista em nossa época. Entretanto, apesar de a medicina de nossos dias, que lida somente com as aparências externas da natureza física, ser indubitavelmente maior do que a de tempos passados, o estudo de antigas obras de medicina demonstra que os cientistas do passado sabiam muito mais a respeito das leis fundamentais da Natureza do que hoje é correntemente admitido.

Existe uma ciência menor e uma maior. Uma ciência que voa ao redor das torres do templo da sabedoria e outra que penetra o santuário. Ambas têm sua função e lugar. Mas uma é mais superficial e popular, enquanto a outra, profunda e misteriosa. Uma faz do alarde e do exibicionismo um grande negócio, enquanto a outra é silente e ignorada publicamente.

Existem cientistas progressistas e conservadores. Existem aqueles cujo gênio os impulsiona adiante e instiga a explorar novos reinos de conhecimento, enquanto há os conservadores que somente coletam o que foi produzido por outros. Um pesquisador deve ser um cientista, mas nem todo cientista é um pesquisador.

Infelizmente, a maior parte de nossas escolas médicas nada produz de novo, trabalhando simplesmente com conhecimentos de cuja produção não participaram. Assemelham-se ao mascate que nada mais conhece além das mercadorias que estão à venda. Suas estantes estão repletas de teorias populares, postulados elegantes e sistemas patenteados, sendo que, ocasionalmente, podemos encontrar um velho artigo que ficou fora de moda, embora rotulado com um novo nome e anunciado como algo original; e o proprietário eloquentemente louva seu valor, tão orgulhoso da mercadoria como se ela tivesse sido fabricada por ele mesmo, enquanto ignora ou mesmo condena, tudo o que não possa ser encontrado em sua loja. Entretanto, o genuíno amante da verdade não se contenta em viver dos frutos que cresceram em jardins alheios, mas reúne todo o material que encontra, não somente com o propósito de desfrutar de sua posse, mas também com o fim de utilizá-lo como recurso para elevar-se cada vez mais perto da fonte da verdade eterna.

O presente trabalho constitui uma tentativa de chamar a atenção daqueles que abraçaram a profissão médica para este aspecto mais elevado e para determinados tesouros esquecidos do passado, que podem ser abundantemente encontrados nas obras de Teophrasto Paracelso. Muitas das ideias nele apresentadas, antigas como são, poderão parecer inéditas e estranhas, pois as pessoas costumam estar familiarizadas somente com aquilo que pertence a seu horizonte mental e que são capazes de apreender. O assunto tratado é tão vasto, ilimitado e sublime, que torna impossível que em um restrito trabalho como este se possa tratá-lo de maneira exaustiva. Entretanto, esperamos que o pouco que foi coletado nas páginas seguintes seja suficiente para indicar o caminho de aprendizado do mais elevado misticismo, e para uma melhor compreensão da verdadeira constituição do Homem.

Introdução à Edição Brasileira

Caro leitor!

A Madras Editora traz até você a valiosa obra de Franz Hartmann, médico ocultista alemão, que nos revela aspectos importantes da medicina que vão muito além das dimensões físicas do corpo humano, interpenetrando a anatomia oculta que a medicina moderna olvidou.

Várias referências do autor são relativas ao grande alquimista e reformador da medicina do século XVI, Teophrastus Bombastus Von Hohenheim (Paracelsus), que acreditava na teoria dos quatro elementos aristotélicos como causa última das coisas; mas como os corpos se apresentam como sólidos, líquidos e gasosos, estes quatro elementos aparecem nos corpos como três princípios, os *tria prima* (sal, mercúrio e enxofre). O sal, o mercúrio e o enxofre não são as substâncias que conhecemos por esses nomes, mas três princípios: cada corpo tem sua própria espécie de sal, de mercúrio e de enxofre. Paracelsus associava o sal ao corpo, o enxofre a alma e o mercúrio ao espírito.

Já na introdução, o autor nos traz conceitos importantes sobre doença, saúde e o homem como um ser humano completo. Para Hartmann, o homem é constituído por vários elementos que representam, em determinada escala, uma forma independente de vontade. Quando se afasta da ordem que constitui o todo, maior é a desarmonia causada no organismo e mais intensa é a doença. A chave para a cura das doenças está, então, no entendimento da lei fundamental que rege a natureza do homem.

Segundo o autor, a medicina secreta dos antigos era uma ciência religiosa, enquanto que a moderna não reconhece nenhum elemento religioso e, como consequência, não reconhece nenhuma verdade. A separação da ciência em relação à verdade religiosa representou a construção da primeira sobre uma base irracional, posto que a religião é uma relação do homem com a sua natureza divina.

Baseando-se em Paracelsus, Hartmann explica que os quatro pilares da medicina são a Filosofia, a Astronomia, a Alquimia e a Virtude do Médico, que significa o poder resultante de ser um homem no verdadeiro sentido do tempo e de dispor não somente das teorias a respeito do tratamento de doenças, mas também de poder curá-las.

As cinco causas das doenças são analisadas como o desequilíbrio de um dos três princípios (sal, enxofre e mercúrio) em contraponto à ótica da medicina contemporânea. As cinco categorias de médicos estão associadas às cinco causas das doenças. Para cada doença deve ser considerada sua causa e também distinguir cinco métodos de tratamento e que dependem das cinco categorias de médicos: *Naturales* (alopatia), *Specifici* (homeopatia), *Caracterales* (cura mental, hipnotismo), *Spirituales* (magia, psicometria, espiritismo, bruxaria) e *Fideles* (poderes da fé). Independentemente do grupo a que pertença um médico, ele deve ser plenamente versado e experimentado naquele determinado departamento, dominando o conhecimento total de suas técnicas.

Sobre a medicina do futuro, o autor explica que o médico contemporâneo ocupa uma posição mais elevada do que a ocupada pelo médico dos últimos séculos, quando a sabedoria dos antigos havia se tornado uma verdade esquecida e a ciência moderna ainda engatinhava. Na Idade Média existiram vários médicos com conhecimentos profundos do ser humano em totalidade e da natureza, qualidades que o médico contemporâneo somente poderá adquirir pelo lento aperfeiçoamento ao longo dos próximos séculos, embora a medicina oficial daqueles tempos fosse uma mistura de ignorância com charlatanismo, e seus descendentes ainda possam ser encontrados nos dias de hoje. Existe apenas um caminho para atingir o verdadeiro autoconhecimento, e este caminho é a experiência.

Conhecer algo significa *ser, tornar-se algo*. Não é possível conhecer a verdade de nenhuma outra maneira senão nos tornando sábios. A medicina contemporânea somente foi bem sucedida em obter um conhecimento mais detalhado de alguns fenômenos de menor importância no campo da matéria, enquanto que um grande número de conceitos muito mais significativos conhecidos pelos antigos ficou esquecido. Como o olhar da medicina moderna está voltado para baixo, procurando por entre o interior da matéria e encontrando verdades perecíveis, mantendo-se afastada do objeto de sua pesquisa com o propósito de vê-lo objetivamente, acaba impedindo de identificar-se com aquele objeto, não sendo possível trazer ao médico a capacidade de obter qualquer conhecimento pessoal de algo que não é ele mesmo. O verdadeiro saber não é o resultado do simples conhecimento, mas do *tornar-se*, que deve ser o fundamento de qualquer ciência verdadeira.

Nunca é demais relembrar a inscrição no Templo de Delfos: *homem conhece-te a ti mesmo e conhecerás o Universo*.

Amigo leitor! Você está de posse de uma obra magnífica que seguramente dará uma nova visão do ser humano como um todo e não apenas matéria.

Diamantino F. Trindade
Mestre Djam-Pa

INTRODUÇÃO

"Existem duas categorias de conhecimento. Existe a ciência médica e existe a sabedoria médica. Ao animal humano pertence a compreensão animal; mas a compreensão dos mistérios divinos pertence ao espírito de Deus presente no homem."
(Teophrasto Paracelso, *De Fundamento Sapientiæ*)

Muito se escreveu nos livros modernos de Patologia a respeito da dificuldade de definir a palavra "doença". O dicionário define-a como "perda ou falta de bem-estar, dor, desassossego, aflição, sofrimento, perturbação", mas, uma vez mais cada uma dessas definições pode dar margem a dúvidas. James Paget diz: "Bem-estar e mal-estar, saúde e doença e todos os seus sinônimos são definições relativas, e nenhuma delas pode ser estabelecida de maneira incondicional. Se pudéssemos estabelecer um padrão de saúde, todos os desvios desse padrão poderiam ser chamados de doença. Mas uma importante característica dos organismos vivos é não serem fixos, modificando-se por autoajustamento a uma extensa gama de circunstâncias variáveis, sendo impossível estabelecer entre tais ajustamentos uma linha divisória que diferencie os que razoavelmente podem ser chamados de saudáveis dos que razoavelmente podem ser chamados de patológicos".

A essa questão a Ciência Oculta responde que *tal padrão de saúde existe para nós à medida que reconhecemos a unidade e supremacia da Lei: que o resultado da obediência à Lei é harmonia e saúde, e o resultado da desobediência à Lei é desarmonia e doença.*

Shakespeare diz:

> **Os próprios céus, os planetas e este centro
> Obedecem a alinhamentos, prioridades e lugar,
> Sustentação, curso, proporção, estação, forma,
> Praxe e hábitos, qualquer que seja seu nível.**
>
> *Troilus e Cressida, I, 3.*

Se entendermos o conceito de "ordem", a primeira lei dos Céus, como a criação de um ajuste espontâneo de circunstâncias que se deram acidentalmente (deixando de considerar a fundamental Unidade presente no Todo e seus propósitos), provavelmente encontraremos no universo numerosas leis de ordem essencialmente diferentes umas das outras, tornando-se uma decisão difícil saber a quais dessas leis conviria seguir. Mas se reconhecermos na ordem que tudo organiza a manifestação da eterna lei de ordem e de harmonia, ou então a função da Sabedoria Suprema agindo na natureza sem, entretanto, constituir um produto da natureza, restará somente conhecermos esta Lei Suprema e obedecê-la. O universo é único e é regido por uma única fonte de todas as leis. Contudo, existem muitas unidades menores em meio a esta Grande Unidade. Todas estas unidades menores terminam por constituir incontáveis *selfs* em meio ao *Self* único, e seus interesses particulares não são idênticos aos interesses do Todo, o que faz com que a ordem obedecida por estes *selfs* temporários não seja a mesma do Todo Eterno. Assim, a luta pela existência, longe de constituir a causa da ordem observável no mundo, é, na verdade, a causa da discórdia nele existente.

Se o homem, como é o caso de seu protótipo divino, fosse uma unidade perfeita, ou uma manifestação de vontade e pensamento identificados e únicos, haveria somente uma lei a ser obedecida: a lei de sua natureza divina, e o homem estaria sempre em harmonia consigo mesmo. Não existiriam elementos desarmônicos, nem sua natureza buscaria criar sua própria ordem particular, causando assim discórdia e doença. Porém, o homem é um ser híbrido cuja natureza

é composta de inúmeros elementos, cada um representando, em determinada escala, uma forma independente de vontade. Quanto mais cada uma destas modificações da vontade é bem-sucedida em afastar-se da ordem que constitui o todo e exercer, seja deliberada ou instintivamente, sua própria vontade, maior será a desarmonia causada no organismo como um todo, e maior será a doença.[1] "Uma casa dividida contra si mesma, desmoronará."
Doença é a desarmonia que se segue à desobediência à lei. Sua cura consiste na restauração da harmonia por meio do retorno à obediência à lei de ordem que governa o Todo.

A chave para a cura das doenças está, portanto, na compreensão da lei fundamental que governa a natureza do homem e, para atingir esse propósito, é necessário que um sistema racional de medicina conheça a constituição do homem, não só de seu corpo físico, que é somente a parte mais inferior da casa em que ele habita, porém, toda a constituição física, astral e mental do ser chamado Homem, que permanece sendo o maior mistério para a ciência. A respeito desta constituição humana, muito pouco além da anatomia, da fisiologia e da composição química dos órgãos materiais e das substâncias integrantes de sua forma corpórea é conhecido e estudado pelos atuais acadêmicos.

A ciência moderna realizou um grande progresso na investigação dos mínimos detalhes da concha ocupada pelo homem durante sua vida neste planeta. Mas em relação ao habitante desta casa, o homem interior, que não é nem totalmente material nem totalmente espiritual, os antigos cientistas sabiam mais a respeito de sua natureza do que jamais foi sonhado por nossas escolas médicas, o que, indubitavelmente, justifica que examinemos seus pontos de vista. Mais ainda, se o corpo exterior do homem é, como ensinavam, somente a expressão externa das qualidades e das funções de um organismo humano mais

---

1. Jacob Boehme diz: "Se uma essência (uma forma de vontade-substância) entra em contato com uma outra cuja natureza seja de caráter diferente, imediatamente cria-se um antagonismo e a luta pela supremacia se estabelece. Uma qualidade dilacera a outra, o que acaba causando, em última instância, a morte da forma, pois tudo o que não esteja em harmonia não pode viver eternamente. Mas tudo o que esteja em perfeita harmonia não traz elementos de destruição em seu interior, pois em tal organismo todos os elementos se amam uns aos outros, e o amor é o criador e preservador da vida." (Misterium Magnum, XXI, 5)

interior e invisível, então parece que inúmeras doenças físicas, como é o caso das moléstias que não são causadas por injúrias físicas diretas, são o resultado de desordens existentes no interior desse organismo mais profundo. Como todo verdadeiro médico deveria procurar conhecer as verdadeiras causas das doenças e não somente destruir seus efeitos externos, um tal conhecimento do "corpo causal" do homem, cuja imagem visível é sua forma fenomênica, pode abrir um campo inédito tanto para a patologia quanto para a terapêutica, do qual ricos frutos poderão ser colhidos em benefício da humanidade.

Capítulo 1

A CONSTITUIÇÃO DO HOMEM

Os sábios descobriram, desde tempos imemoriais, que jamais conheceremos a verdade eterna, a menos que a descubramos em nosso próprio interior. A experiência já corroborou essa teoria há muito tempo, a despeito de todo o progresso resultante das pesquisas científicas relativas à natureza do Homem, as quais, por serem realizadas somente por meio de pesquisas no reino exterior da Natureza, fizeram com que a real constituição do Homem e a essência de seu ser permanecessem desconhecidas. Sabemos que, a partir do ovo, surge o feto; a partir do feto, surge a criança e a partir da criança, desenvolve-se o organismo do adulto; conhecemos a maneira pela qual este processo se efetua, mas, parece que nada sabemos a respeito das energias que o produzem. Semelhante estratagema alquímico, da Natureza, capaz de fazer com que um homem cresça a partir de uma célula na qual nenhum homem estava previamente contido pode parecer absurdo, inacreditável e miraculoso, e ninguém jamais acreditaria nele se não fosse um fato muito bem conhecido que, ocorrendo diariamente, já tivesse deixado de parecer surpreendente, como ainda parece quando alguém se interroga de que maneira tal fenômeno é possível.

Horne diz: "Por um silente, desconhecido e misterioso processo, a mais bela flor desabrocha a partir de uma pequena e insignificante semente". Um processo similarmente misterioso se dá em relação à evolução do organismo humano. Evidentemente, todos esses processos são os efeitos da ação de uma causa adequada que os produz; negar esse fato seria o mesmo que afirmar o evidente absurdo de que algo pode crescer a partir do nada, e a lei da lógica, além disso, torna claro que, embora uma causa física possa produzir um efeito físico, um organismo vivo somente pode ser gerado por uma energia viva, e um organismo intelectual a partir de um ser intelectual. Tenha ou não o organismo animal do homem evoluído a partir do reino animal inferior, sejam ou não determinados animais o produto de uma perversão e degradação da natureza do homem, isso não importa no presente momento. O que sabemos é que nenhuma vida e inteligência podem se tornar manifestas por meio de uma determinada forma, a menos que esses poderes vivos estejam presentes em seu interior; e também que a vida não pode ser criada pela morte, e que a inteligência não pode ser criada por algo que não possua inteligência.

Mas se a ciência moderna confessadamente ignora tudo a respeito da origem da manifestação da vida, tudo a respeito daquilo que é vagamente denominado "alma", tudo a respeito da natureza e da origem da mente (cujas funções são necessárias para o propósito de tornar o cérebro capaz de investigar tais fenômenos), tudo a respeito do espírito e tudo a respeito da constituição superior do homem, cuja expressão externa e símbolo é seu corpo físico, não seria despropositado recorrer a outras fontes de informação e indagar o que os antigos sábios ensinavam sobre os princípios formadores da constituição humana. *O primeiro requisito para um sistema racional e perfeito de medicina é um completo conhecimento de toda a constituição humana; mas toda a constituição, e não somente uma parte de sua natureza.*

Os antigos sábios hindus comparavam o Homem a uma flor de lótus, cujo lar é a água, o mundo; cujas raízes extraem seu alimento da terra (a natureza material), enquanto ergue sua cabeça em direção à luz (o reino espiritual), da qual recebe o poder de revelar as energias latentes em sua constituição.

Muito já se discutiu na literatura teosófica a respeito da sétupla constituição do Homem, mas, para efeito de completude tornaremos a mencioná-la:

1. *Rupa*. O corpo físico, veículo de todos os demais "princípios" durante a vida.

2. *Prana*. Vida ou princípio vital.

3. *Linga Sharira.* O corpo astral. A imagem etérea ou contraparte do corpo físico, o "corpo fantasma".
4. *Kama Rupa.* A alma animal. A sede dos desejos animais e das paixões. É neste princípio que está centrada a vida do animal e do homem mortal.
5. *Manas.* Mente. Inteligência. O elo entre o homem mortal e o imortal.
6. *Buddhi.* A alma espiritual. O veículo de puro espírito universal.
7. *Atma.* Espírito. A radiação do Absoluto.
(Para mais detalhes consulte H. P. Blavatsky, *A Chave da Teosofia.*)

Goethe afirma: "Uma palavra surge muito convenientemente quando uma concepção está ausente". Na época materialista em que vivemos, o significado preciso de termos que expressam energias e condições espirituais acabou se perdendo ou se pervertendo; supõe-se que Deus constitua um ser inatural e supernatural que habite fora da Natureza; Fé transformou-se em credulidade na opinião alheia; Amor transformou-se em desejo pessoal, etc. Assim sendo, não é surpreendente que todos os termos acima sejam incompreensíveis ou mal-interpretados por muitos, pois todos representam determinados estados de consciência, e ninguém pode conhecer um estado de consciência que jamais tenha experimentado. É nisso que reside o mistério.

Os filósofos medievais simbolizaram esses sete princípios pelos signos dos sete "planetas", dos quais os sete corpos cósmicos visíveis no céu receberam seus nomes; se isso for compreendido, pelo menos ficará esclarecido que aqueles que negam a sétupla divisão dos planetas somente expressam sua ignorância e concepções equivocadas. Na verdade, ninguém pode criticá-los por não compreenderem, pois o presunçoso imagina a si próprio como sendo superior a tudo, e se considera o mais sábio de todos os sábios. Como escreveu Shakespeare:

"O tolo considera-se um sábio, mas, o homem sábio sabe que é um tolo." *(As You Like It,* V, 1)

Os homens da Antiguidade basearam todo seu conhecimento médico no reconhecimento de uma causa universal, eterna, auto-existente e autoconsciente, a fonte da vida universal, enquanto a medicina moderna reconhece somente a consequência de uma força cega. A medicina secreta dos antigos era, portanto, uma ciência religiosa,[2] enquanto a moderna e popular medicina não reconhece nenhum elemento religioso e, consequentemente, nenhuma verdade. Separar ciência de verdade religiosa representa erigir a primeira por sobre uma base irracional, já que "religião" significa a relação que o homem experimenta com sua origem divina. Perder de vista a fonte da qual nos originamos significa ignorar nossa verdadeira natureza e relegar a medicina ao seu mais baixo plano de existência, ou seja, à sua forma mais grosseira e material. É exatamente essa posição que a medicina moderna ocupa no presente momento, e nada há que possa elevá-la mais do que o reconhecimento da presença de uma natureza superior no homem, além de uma redescoberta das verdades divinas. Tão elevado conhecimento era antigamente considerado indispensável para a formação de um verdadeiro médico, e é por esta razão que a tarefa de praticar a medicina era atribuída somente àqueles que tivessem nascido médicos, sábios e santos pelo poder da verdadeira Graça de Deus, enquanto entre os práticos populares existia, tanto naquela época como agora, muitos estúpidos e ignorantes que nada tinham de espiritualidade e de moralidade. Tudo o que o médico moderno da escola materialista precisa para ter sucesso é uma relativa facilidade de memorizar o conteúdo de seus livros que lhe proporcione a possibilidade de passar nos exames, além de um certo talento para obter a credulidade das pessoas.

Contudo, quando os antigos falavam dos "sete planetas", referiam-se aos sete estados espirituais, jamais materiais, a respeito dos quais a ciência moderna nada conhece além de sua manifestação exterior no campo fenomenológico. Já se disse acertadamente que ninguém foi capaz de sequer ver a Terra; que aquilo que vemos é somente a manifestação ou aparência de um princípio espiritual chamado terra ♀. A verdadeira essência da "matéria" está além das concepções da mente terrena.

---

2. Deve-se entender claramente que, ao utilizar o termo "religiosa", não estamos fazendo referência a nenhum dos correntes sistemas de doutrinas religiosas ou formas de adoração, mas sim ao reconhecimento espiritual da verdade divina.

Entendidos sob este ponto de vista, os "sete planetas" presentes na constituição humana, assim como na constituição da natureza como um todo, representam os seguintes elementos, energias, essências ou formas de existência:

1. ♄ Saturno (*Prakriti*). Matéria; a substância ou elemento material presente em todas as coisas e em todos os três reinos da natureza (planos físico, astral e espiritual). É invisível e pode ser conhecido somente por suas manifestações. É o elemento que proporciona fixidez e solidez, ele próprio substancialidade.

2. ☾ Lua (*Linga*). O corpo etéreo ou astral do homem; o reino dos sonhos, das fantasias, das ilusões, no qual existem somente os reflexos da verdadeira vida e da luz do sol; também representa a especulação intelectual sem sabedoria (sem reconhecimento da verdade). As formas pertencentes a este reino são mutáveis assim como a opinião dos homens.

3. ☉ Sol (*Prana*). Vida nos planos físico e espiritual (*Jiva*). O centro do sistema planetário.[3] É o planeta que produz as manifestações ou atividades da vida em todos os planos de existência.

4. ♂ Marte (*Kama*). O elemento passional, emocional e animal do homem e da natureza; a sede do desejo e da autoafirmação; aquele que se manifesta por meio da avareza, da inveja, da cólera, da luxúria e do egoísmo em todas as formas, mas que também é uma fonte de força e de poder. Existem várias doenças causadas pela excessiva ou irregular ação das forças que pertencem a este reino; quando combinado com ♄ (Saturno) elas se tornam de natureza terrena.

5. ☿ Mercúrio (*Manas*). A mente; o princípio da inteligência manifestando-se no reino da mente por intermédio do poder intelectual; combinado com ♄ (Saturno) conduz a pensamentos terrenos e materialistas, mas, em combinação com ♀ (Vênus) constitui o conhecimento espiritual.

6. ♃ Júpiter (*Buddhi*). O princípio que se manifesta como poder espiritual, seja para o bem ou para o mal. Razão, intuição, fé, firmeza e reconhecimento da verdade.

7. ♀ Vênus (*Atma*). O princípio que de maneira pura se manifesta como o amor divino universal, sendo idêntico ao conhecimento

---

3. A ordem aqui adotada visa a facilitar a comparação com a classificação acima, pois os planetas não são estacionários, mas, modificam constantemente suas posições e significados, de acordo com os aspectos que assumem.

pessoal do divino. Quando unido com ☿ (Mercúrio), a inteligência constitui a sabedoria. Agindo no plano animal, dá origem aos instintos animais e, agindo no plano físico, causa a atração das polaridades opostas, afinidades químicas, etc. Estes elementos são citados somente para indicar a chave para este tipo de ciência, já que as combinações que podem formar e suas variadas formas de manifestação sob diferentes condições são praticamente inumeráveis. Tampouco pode a ciência espiritual ser ensinada a uma mente (*Manas*) não iluminada pela luz da compreensão superior (*Buddhi*). O estudo e a aplicação práticos de qualquer elemento requer, antes de mais nada, a posse do objeto; e se este princípio é verdadeiro em relação a objetos físicos, não é menos verdadeiro em relação a princípios espirituais, cuja natureza somente pode ser conhecida quando sua presença é percebida no interior da consciência de alguém. Os aspectos mais elevados de todas essas energias pertencem à natureza mais elevada do homem, e aquele que deseja conhecer e aplicar estas leis na prática da medicina deve primeiro buscar desenvolver sua própria natureza elevada, livrando-se a si mesmo dos elementos que governam sua natureza mais inferior. Em outras palavras, deve passar do estado animal-humano para o estado humano-divino, ao qual pertence o verdadeiro médico.

Um destes Adeptos médicos foi *Theophrastus Bombastus Paracelsus*, o grande reformador da medicina do século XVI, que é merecidamente tido como o pai da medicina moderna, embora seus sucessores ainda estejam longe de compreender todas as verdades por ele ensinadas e, de maneira geral, sequer consigam compreender suas doutrinas ainda por séculos.[4] As concepções de Paracelso estavam muito avançadas não somente em relação à ciência de seu tempo como também em relação à ciência de nossos dias. Muito embora ele possa ter conhecido menos do que nós as manifestações fenomenológicas da vida em nosso planeta, conhecia muito mais que a ciência moderna a respeito das causas destas manifestações e a respeito da natureza *intrínseca* das coisas. Na sua época foi, e ainda é,

---

4. Mesmo entre seus discípulos contemporâneos, poucos foram capazes de compreender suas ideias e de orientar suas vidas o suficiente para atingir este propósito. Paracelso dizia: "Vinte e um de meus ajudantes foram vítimas do carrasco (o espírito deste mundo). Deus os ajude! Somente uns poucos mal permaneceram comigo." *(Defensio, VI)*

ridicularizado e depreciado por todos aqueles que não foram e não são capazes de compreendê-lo, mas, demonstrou o acerto de suas teorias realizando curas que mesmo a medicina moderna, com todas as suas novas descobertas, jamais poderia realizar.[5] Paracelso foi o primeiro a abolir um sistema de desenfreado charlatanismo baseado somente no empirismo, cujos resíduos permanecem até hoje. Foi odiado e perseguido pelos charlatões e pelos usurpadores de sua época, que, beneficiando-se da ignorância das pessoas, realizavam um negócio muito lucrativo, como alguns ainda fazem em nossos dias, sendo que as calúnias lançadas contra ele ainda inspiram as opiniões de muitos a respeito de sua pessoa, embora possamos seguramente acreditar que muitos de seus críticos jamais leram sua obra e menos ainda foram capazes de compreendê-la. Numerosas biografias foram escritas a seu respeito e sobre seus hábitos pessoais, mas, parece que a maioria de seus críticos foi incapaz de perceber que, quando morreu, deixou somente um par de calças de couro para seus herdeiros. Entretanto, em relação à filosofia de Paracelso, tudo é *terra incognita* que supera a compreensão desses críticos. Em todo caso, jamais se poderia esperar um tal conhecimento das ciências secretas de pessoas que ignoram totalmente os princípios fundamentais da constituição humana.

Se Paracelso obteve seu conhecimento do Oriente, como se afirmou, ou se tal conhecimento lhe foi revelado por sua própria capacidade de perceber a verdade, não nos diz respeito. Mas não pode haver dúvida de que ele conhecia a sétupla classificação, pois encontramo-lo comentando a respeito dos sete aspectos do homem:

1. *Corpus*, ou corpo elementar do homem (*Limbus*).
2. *Mumia*, ou corpo etéreo; o veículo da vida (*Evestrum*).
3. *Archeus*. A essência de vida. *Spiritus Mundi* na Natureza e *Spiritus Vitae* no Homem.
4. *Corpo Sideral*, composto das influências das "estrelas".
5. *Adech*. O homem interior ou corpo-pensante, composto da carne de Adão.
6. *Aluech*. O corpo espiritual, composto da carne de Cristo, também chamado de "o homem do novo Olimpo".
7. *Spiritus*. O Espírito universal.

---

5. Ver A Vida de Theophrastus Paracelsus, London, 1887.

Dificilmente há uma página sequer dos escritos filosóficos de Paracelso em que não haja uma referência à dupla natureza do homem, seus aspectos terreno e celeste, e à necessidade do desenvolvimento de sua natureza elevada e de sua compreensão superior (espiritual):

"Acima de tudo, devemos prestar atenção ao fato de que existem dois tipos de espírito no homem (um originado na natureza e o outro vindo do céu). O homem torna-se um ser humano devido a seu espírito de vida (divina) e não devido ao espírito (terreno) do *Limbus*. É verdade que o homem (celeste) é feito à imagem de Deus, tendo em si o espírito de uma vida (divina). Mas em todos os demais aspectos, o homem é um animal, com seu respectivo espírito animal. Estes dois (espíritos) opõem-se um ao outro, sendo que um dos dois deve sucumbir. O homem está destinado a tornar-se um ser humano, e não um animal, e se deve ser humano, deve viver no interior do espírito da vida (imortal), e longe do espírito animal." (*Philosophia Occulta*, Lib. I, Prólogo)

Os mistérios do templo oculto da natureza são inacessíveis ao vulgo e ao profano pelo simples fato de que uma pessoa somente pode perceber aquilo que corresponde à sua própria natureza. Para se ter acesso ao reino da verdade, deve-se possuir uma alma; um animal somente pode apreender coisas animais.

Uma conhecida autoridade médica recentemente escreveu:

"Paracelso, que afirmou que o conhecimento da anatomia do cadáver era de pouca utilidade[6] e que pretendia que as bases da vida (imortalidade) representavam o mais elevado objetivo do conhecimento, postulava a contemplação (espiritual) como condição inicial indispensável, e como ele próprio percorreu este caminho de construção metafísica do *Archeus*, acabou por

---

6. Isto não é correto. Paracelso disse: "A anatomia do homem é dupla. Um aspecto consiste em dissecar o corpo humano no sentido de se determinar a situação dos ossos, músculos, veias, etc., mas este é o menos importante. O outro aspecto é muito mais importante e consiste em introduzir uma nova vida no organismo humano, contemplar as transformações que têm lugar em seu interior e conhecer o estado do sangue e que tipos de ⊖, ☿, 🜍 (Sal, Mercúrio e Sulphur) ele contém". (Paramirum, Lib. I, cap. 6)

difundir entre seus seguidores um selvagem e absolutamente estéril misticismo."[7]

Não se deve culpar Paracelso por sua difusão do misticismo, mas sim, a incapacidade de seus seguidores, cuja mente animal foi incapaz de ser iluminada pelo espírito da verdade. *Sempre que a mente terrena procura apreender o espírito de sabedoria, sendo ela incapaz de se alçar até a percepção da verdade divina e trazê-la até seu próprio nível, um primitivo e absolutamente estéril e tolo misticismo será o resultado.* Podemos afirmar com a mesma autoridade que também as doutrinas de Cristo disseminaram a superstição pelo mundo, dando origem aos crimes das Cruzadas, horrores da Inquisição e sectarismo intolerante. Não se pode incriminar a verdade se ela é mal-compreendida.

A grande maioria do gênero humano busca o conhecimento com o único propósito de obter por meio dele algum benefício pessoal, seja a aquisição de prazeres ou de saúde, gratificação da ambição, desejo de ostentação diante do mundo como sendo possuidor de algo grandioso, seja com o propósito de satisfazer uma saudável curiosidade científica. Mas a obtenção do conhecimento médico requer o amor à verdade, e amor significa sacrifício pessoal. A obtenção de conhecimento é então possível somente se o ego ilusório e todas as suas ambições forem sacrificadas. Quem ama o reino das ilusões não pode conhecer a verdadeira luz. Quantos dos assim chamados seguidores de Jesus de Nazaré se tornaram Cristos, e quais foram capazes de compreender a profundidade de suas doutrinas e de exercer seus divinos poderes? Quem se tornou como ele? Nenhum dos supostos seguidores de Paracelso nasceu para ser mestre como ele, e nenhum dos representantes da moderna medicina foi capaz de compreender com profundidade sua sabedoria.

A medicina moderna, baseada que está na observação objetiva dos fenômenos, conhece mais a respeito do reino da natureza visível (*Maya*) do que era conhecido na época de Paracelso. Porém a razão pela qual esta ciência médica corrente, apesar de todas as descobertas aportadas pela química e pela fisiologia, ainda é incapaz de realizar as

---

7. Palestra de patologia proferida pelo prof. Virchow, em Londres, em 6 de março de 1893.

curas que foram feitas por Paracelso é a de que seus seguidores não cultivam o poder espiritual do conhecimento da alma, que é chamado de "contemplação interior",[8] ao qual Paracelso chamava de Fé, uma faculdade que atualmente é tão profundamente desconhecida que até uma explanação a respeito de seu significado torna-se extremamente difícil. Trata-se, na verdade, de um poder que não pertence nem à natureza física, nem à animal, nem à espiritual do homem (*Atma-Buddhi-Manas*), mas, à porção mais elevada de seu ser que, na grande maioria do gênero humano, por mais intelectualmente desenvolvida que seja, ainda não despertou para a vida, mas, ainda se encontra latente, sepultada na tumba da materialidade na qual a luz da verdade divina não pode penetrar.

"O que é o homem limitado a seus próprios poderes senão nada? Se desejas obter poder, deves obtê-lo a partir da Fé. Se tiveres a mesma Fé que um grão de mostarda, serás tão forte quanto os espíritos, e, embora agora te pareças com um homem, tua Fé fará teu poder e força iguais aos espíritos como fizeram para Sansão. Pois, por meio de nossa Fé, nós próprios nos tornamos espíritos, e seja o que for que façamos que supere nossa natureza (terrena) se deve unicamente ao poder da Fé, atuando por nosso intermédio como um espírito e transformando-nos em espírito." (*De Origin. Morb. Invisib.*, Introdução)

O homem, mesmo que ocasionalmente obtenha um vislumbre da sabedoria divina, tende sempre a esquecê-la já no momento seguinte, na medida em que a atividade de sua mente terrena é mais intensa do que a de seu espírito, parecendo então necessário que seja sempre

---

8. A palavra "contemplação" – de con = junto a, e templum = templo – evidentemente não significa mera observação, mas a coabitação no mesmo templo com a verdade que deve ser conhecida, uma identificação entre sujeito e objeto na luz da sabedoria divina, o templo da verdade. A obtenção de conhecimento por meio de tal contemplação somente é possível para aqueles cuja percepção espiritual está ativa. Uma pessoa cega pode habitar eternamente um templo de verdade sem que seja capaz de conhecê-la. Para aqueles que, pela expansão de sua espiritualidade, puderam obter o poder de contemplação, sua capacidade de obter conhecimento espiritual explica-se por si própria e não requer provas. Aqueles que não possuem esta capacidade acharão difícil compreender o significado do termo contemplação e suporão tratar-se aqui de pura imaginação.

relembrado do fato a respeito do qual Paracelso afirma que não se trata da Fé ilusória cerebral, simples produto de especulação, mas sim de um poder relacionado àqueles raros espíritos que caminham por entre este mundo de adormecidos. Assim como os poderes físicos dizem respeito ao homem físico e terreno, da mesma maneira poderes espirituais dizem respeito ao homem espiritual, o qual deve nascer antes que se possa conhecer e exercer tais poderes. Entretanto, essas pessoas parecem ser muito poucas, mesmo entre os mais eminentes cientistas e bem-sucedidos profissionais que se tornaram regenerados pelo espírito da verdade e tomados pela Luz da sabedoria divina, se é que tais pessoas existem. Não obstante, devemos estimular todos os estudantes de medicina a seguir tais exemplos, aprendendo a suprema arte do autocontrole para que se tornem mestres de sua própria natureza e da natureza das outras pessoas. A Humanidade toda é uma só, e a percepção desta verdade proporcionará um novo campo para a medicina do futuro. A parte de nós que vive no interior do coração dos outros é o nosso mais verdadeiro e profundo *Self*.[9] Se este *Self*, que vive no coração dos outros, for despertado para sua própria consciência, realizará então sua existência universal e poder para agir no interior dos indivíduos em que vive. Assim sendo, tendo o médico se tornado autoconsciente de sua própria natureza elevada, tornar-se-á um salvador para todo o restante do gênero humano, não somente em relação a seus pecados morais, mas também em relação a seus sofrimentos físicos, pois o espírito, a alma e o corpo do homem não vivem separadamente, mas formam um todo orgânico assim como o corpo da humanidade, mesmo que as personalidades que constituem esse corpo estejam separadas umas das outras pela ilusão das formas.

---

9. Herder.

Capítulo 2

OS QUATRO PILARES DA MEDICINA

Os quatro pilares sobre os quais está apoiada a medicina moderna são:

1. *O conhecimento a respeito do corpo físico do homem*, do arranjo de seus órgãos (anatomia), de suas funções (fisiologia) e das alterações visíveis que tomam lugar quando uma moléstia se manifesta (patologia).

2. *Uma certa quantidade de conhecimento a respeito das ciências físicas* como química, botânica, mineralogia, etc; na verdade, um conhecimento sobre tudo o que diga respeito às relações externas que os elementos deste mundo fenomenal mantêm entre si e com o organismo humano (terapêutica).

3. *Uma certa quantidade de conhecimento dos pontos de vista e das opiniões das autoridades médicas modernas*, por mais errôneas que sejam.

4. *Uma certa quantidade de critério e de aptidão* para colocar as teorias desenvolvidas em prática.

Tudo isso pode parecer suficiente. Mas, logo de início, nota-se que todo o conhecimento requerido para um médico moderno somente se refere ao plano exterior da existência, ao corpo animal do homem e ao seu ambiente físico. O mesmo se passa com a ciência chamada de Psicologia, para nos referirmos àquilo que em nossos dias é erroneamente denominado como tal, já que não pode haver ciência da alma, caso a existência de uma alma (*psyche*) não seja reconhecida.[10] O corpo invisível, espiritual ou causal, presente no interior da natureza do homem é inteiramente ignorado pela ciência e, mesmo que médicos modernos acreditem na alma, todos, praticamente sem exceção, considerarão esse assunto como algo que diz respeito exclusivamente à igreja, algo com o quê a Ciência não guarda nenhuma relação.

Não obstante, se o termo "religião" representar a relação existente entre o homem terreno exterior e os poderes criativos existentes em seu interior, seu próprio *Self* interior, sede não somente de sua vida espiritual como também de sua vida física, chegaremos à conclusão de que tal religião, que ensina a natureza desse ser interior e imortal, além das relações existentes entre a natureza superior e a forma física, representa a indispensável e mais importante parte da verdadeira ciência médica baseada no reconhecimento da verdade. E ainda que a teoria deva preceder a prática, esse conhecimento de maneira alguma deve ser meramente teórico, imaginativo e irreal, pois, se assim for, as pessoas que estão tentando apreender fatos que não são capazes de entender acabam produzindo um misticismo desenfreado e absolutamente estéril. Este conhecimento deve ser, isso sim, do tipo que proporciona autoconhecimento por meio da experiência prática, algo que se realiza somente pela aplicação prática dos ideais que se deseja aprender.

De acordo com Teophrasto Paracelso, os quatro pilares da medicina são os seguintes:

1. FILOSOFIA

O termo filosofia vem de *phileo*, amar, e *sophia*, sabedoria, e seu verdadeiro significado é o amor pela sabedoria e o conhecimento resultante dela. O verdadeiro amor é conhecimento, o reconhecimento

---

10. Recentemente, nas cortes de Viena, durante um sensacional julgamento relativo ao estado de non compos mentis referente a um nobre que deixou uma considerável fortuna a seus servidores, a absoluta ignorância dos especialistas em psicologia a respeito de todos os assuntos relacionados à alma e sua total incapacidade de julgar o caráter e motivações de uma pessoa tornaram-se tão patentes e foram expostas de maneira tão cômica, que se tornou opinião pública, e também do juiz, que o costume de considerar os médicos especialistas em tais assuntos deveria ser abandonado; e que atores, escritores de novelas e outros que possuíssem mais capacidade de conhecer as motivações da natureza humana deveriam ser convocados para tais propósitos.

de si mesmo em uma outra forma que não a nossa própria. O amor à sabedoria é o reconhecimento pela sabedoria inerente ao homem do mesmo princípio de sabedoria manifestado na Natureza, e deste reconhecimento floresce o conhecimento da verdade. A verdadeira filosofia é, pois, não aquilo que atualmente se conhece como tal, que consiste em desenfreadas especulações a respeito dos mistérios da natureza com o propósito de gratificar a curiosidade científica. O que se toma hoje por filosofia é um sistema no qual existe uma grande quantidade de amor-próprio e uma pequena quantia de amor à verdade, cujos seguidores, por intermédio da lógica e de debates, inferências, teorias, postulados, hipóteses, induções e deduções, buscam, por assim dizer, entrar pela porta dos fundos do templo da verdade, ou então espiar pelo buraco da fechadura com o propósito de ver a deusa desnuda. Essa filosofia especulativa de maneira alguma constitui o verdadeiro conhecimento, mas sim uma construção filosófica artificial chamada ciência, fundamentada em argumentos e opiniões, que muda de aspecto a cada século, a respeito da qual disse Paracelso: "as coisas tidas por uma geração como sendo o ápice do conhecimento humano são tidas como absurdo pela próxima, e aquelas que são tidas como superstição em um século constituem o fundamento científico da geração seguinte". Qualquer informação obtida por meios que não estejam baseados no amor à verdade não constitui conhecimento imortal ou verdadeira teosofia, prestando-se somente a propósitos temporais e como ornamentos do ego, surgindo do amor à ilusão do ego e tomando ilusões como seu objeto de estudo.

Toda a natureza é uma manifestação da verdade. Mas a Natureza requer a visão da sabedoria para enxergar a verdade e não somente sua aparência enganosa. A filosofia à qual se refere Paracelso consiste no poder de reconhecer a verdade em todas as coisas, independentemente de quaisquer livros e autoridades, os quais são incapazes de fazer-nos perceber aquilo que somos incapazes de perceber em nós mesmos. Há poucas pessoas capazes de ler o livro da Natureza sob a luz da própria Natureza, pois, estando suas mentes preenchidas com imagens pervertidas e visões falsas, tornaram-se elas próprias inaturais, e a luz da Natureza é incapaz de penetrar suas almas. Vivendo na falsa luz das fantasias de especulações e sofismas, perderam sua receptividade para a luz da verdade. Tais filósofos vivem de ilusões e sonhos e não conhecem o que é real:

"Não existe nesta Terra nada mais nobre e capaz de proporcionar perfeita felicidade do que o verdadeiro conhecimento da Natureza e seus fundamentos. Tal conhecimento produz um médico valoroso, desde que seja algo que faça parte de sua formação, e não uma estrutura artificial a ele sobreposta como se fosse um paletó. Deve, isso sim, ser um conhecimento nascido da fonte de uma filosofia que jamais poderá ser adquirida por meios artificiais." *(De Generatione Hominum*, I, Prefácio)

Um conhecimento baseado na opinião ou na experiência de outrem não passa de crença e não constitui real conhecimento. Livros e leituras podem servir para dar-nos conselhos, mas não podem prover-nos com o poder do conhecimento da verdade. Podem servir-nos como úteis guias, mas a crença nas afirmações de outros não deve ser confundida com autoconhecimento, aquele que decorre somente do reconhecimento pessoal da verdade e que, em razão do amor à verdade, deve ser cultivado acima de todas as coisas.

A este reino de Filosofia pertencem todas as ciências naturais relacionadas a fenômenos externos, em cujo conhecimento um grande progresso parece haver sido feito desde o tempo de Paracelso. A esta ciência fenomenal pertencem a anatomia, a fisiologia, a química do corpo físico e tudo o mais que diz respeito às inter-relações dos fenômenos que se dão na grande fantasmagoria de imagens vivas e corpóreas chamadas de mundo sensorial. Mas, para além deste mundo sensorial, existe um outro mundo mais interior e suprassensorial, ignorado pela ciência oficial, do qual o anterior é somente uma expressão externa. Os processos que se dão nesta luz interior da natureza e as almas cuja percepção interior se tornou desenvolvida em razão do despertar do "homem interior" não requerem a observação dos fenômenos externos com o propósito de estabelecer inferências em relação às suas causas internas, pois conhecem as causas e processos interiores e também as aparências exteriores que produzirão. Assim, existe uma ciência médica interna e externa; uma ciência que concerne ao astral e uma que concerne ao corpo físico do homem. A primeira ocupa-se do paciente e a última, por assim dizer, das roupas que o paciente veste.

Para melhor esclarecer esta ideia, vamos ilustrá-la com um exemplo. Imaginemos um projetor capaz de fazer incidir imagens vivas e corpóreas em uma tela. A ciência externa ocupa-se somente dessas imagens, das relações que existem entre elas e das mudanças que se dão entre elas. Mas essa ciência nada sabe a respeito do filme do projetor sobre o qual estão gravados os padrões dessas imagens visíveis e ignora totalmente a luz que causa a projeção na tela. Assim, aquele que vê o filme e suas imagens, e que conhece a fonte de luz que produz as imagens, não necessita estudar as imagens projetadas com o propósito de estabelecer inferências e especulações a respeito de suas causas. Portanto, existe uma ciência superficial tida como o orgulho do mundo, e uma ciência secreta da qual quase nada é conhecido publicamente, embora seja conhecida pelos sábios e revelada pela percepção íntima da verdade.[11]

As verdades devem ser percebidas antes de serem intelectualmente apreendidas e, pelo fato de esta grande e elevada ciência não poder ser aprendida em livros, nem tampouco em aulas de escola, ela é o resultado de um desenvolvimento da percepção elevada do homem, que decorre de sua natureza mais elevada e caracteriza o médico nato. Se não dispuser desta faculdade superior, conhecida em seu estágio inicial como "intuição", um médico somente encontrará ocupação no pátio externo do templo, ajuntando migalhas caídas ao chão, mas jamais penetrará o interior do templo em que a própria natureza ensina seus mistérios divinos. Os mais minúsculos detalhes destes grãos já foram estudados pela moderna ciência popular, cuja atenção tem sido tão absorvida por eles que o próprio templo ficou esquecido e a natureza da Vida acabou por tornar-se um mistério para aqueles que somente estudam suas manifestações externas.

É desnecessário dizer que tudo o que foi dito não pretende desencorajar o estudo dos fenômenos, pois, aqueles que forem incapazes de ir além nada ganharão permanecendo ignorantes das aparências externas. O que se disse anteriormente pretende somente demonstrar que uma ciência que se refere tão somente

---

11. Lê-se por toda parte que as opiniões dos antigos a respeito disso são "muito vagas". Na verdade, a falta de precisão refere-se somente aos críticos incapazes de compreender o que representam as opiniões dos antigos. Palavras foram feitas com o propósito de expressar ideias e, se as ideias não forem percebidas, as palavras somente enganarão. Se interpretarmos o significado de um dado termo de acordo com nossa própria imaginação, encontraremos nele somente a noção falsa criada por nós próprios, e não o significado original.

aos fenômenos da vida terrena e aos resultados finais não constitui, de forma alguma, o ápice de todo conhecimento possível. Acima do reino dos fenômenos visíveis, estende-se um outro reino muito mais amplo para todos aqueles que nele forem capazes de penetrar: o reino da verdade, do qual somente imagens invertidas são vistas no reino dos fenômenos externos.

As ciências naturais dos antigos místicos, que eram capazes de penetrar profundamente o reino suprassensorial, não estão limitadas ao mundo visível pelos olhos físicos, pois reconhecem a existência de quatro mundos ou planos de existência que se interpenetram entre si, cada um deles possuindo suas próprias formas de vida e habitantes, que são:

1. *o mundo físico visível*, que constitui somente o reflexo dos outros três;
2. *o mundo astral*, ou reino psíquico;
3. *o mundo da mente*, ou reino espiritual;
4. *o estado divino*, reino de Deus, ou mundo celestial.

Assim como no plano sensorial percebemos a existência de reinos mineral, vegetal e animal,[12] assim também, por meio do desenvolvimento da faculdade da visão interior, perceberemos neste mundo quatro reinos, ou quatro estados de existência espirituais e invisíveis para nós, que em sua manifestação exterior são chamados Terra, Água, Fogo e Ar.

> "Demonstraremos que não somos os únicos seres inteligentes presentes no mundo, mas que nossa presença se estende somente a um quarto dele. Não que este mundo seja três vezes maior do que o conhecemos, mas que existem nele três quartas partes que não ocupamos, e cujos habitantes não são inferiores a nós em inteligência. O único fato do qual podemos nos orgulhar é o de que Cristo (a luz da sabedoria divina) tomou habitação entre

---

12. Chamamos a isso plano sensorial, somente porque inclui tudo o que é percebido pelos sentidos do corpo físico. Se os sentidos da forma astral estiverem desenvolvidos, o plano astral também será nosso plano sensorial. Não pode haver conhecimento sem percepção, e não pode haver percepção sem um sentido que possua este propósito. Um sistema filosófico baseado exclusivamente na especulação, e sem nenhuma percepção da verdade, de fato não é filosofia, mas consiste somente de caprichos, de ilusões e de sonhos.

nós e revestiu-se com nossa forma, quando poderia ter escolhido outra nação (outra classe de Elementais) para tal propósito.

(Paracelso, *Paramirum*, Sobre a Geração de Seres Conscientes na Mente Universal, I, Prefácio)

De qualquer maneira, estes fatos não dizem respeito aos propósitos do presente trabalho e somente foram mencionados para introduzir o conceito de que a Natureza é muito mais ampla do que os limites a ela atribuídos pela ciência material, a ponto de um filósofo afirmar que "o que é conhecido é somente um grão de areia no imenso oceano do desconhecido".

2. ASTRONOMIA

O termo Astronomia expressa o conhecimento das estrelas, e para a concepção da mente moderna ela é a ciência que estuda "os corpos celestes" tais quais são vistos no céu. Entretanto, para os antigos filósofos, todas as coisas visíveis eram símbolos e representações de poderes invisíveis, de pensamentos e de ideias, e a expressão Astronomia, usada por Paracelso, é, portanto, algo bastante diferente da ciência dos contempladores de estrelas, referindo-se aos vários estados da mente que existem no macrocosmo da natureza assim como no microcosmo do homem. A própria palavra "celeste" refere-se a algo superior à nossa grosseira natureza material, e uma ideia do que representam as "estrelas" com as quais lidavam as antigas astronomia e astrologia pode ser formada estudando o significado dos planetas citados no capítulo prévio intitulado A Constituição do Homem.

A Astronomia de Paracelso, portanto, não lida com corpos materiais, visíveis, corpóreos e cósmicos, mas sim com *virtutes* (virtudes) ou poderes, e *semina* (germes) ou essências, os quais são todos espirituais e substanciais, já que um poder sem substância é inconcebível. Poder e Substância, por um lado, e Matéria e Força, por outro, são termos equivalentes, estados de uma mesma unidade, divididos somente em nossa concepção quanto a seus modos de manifestação. Uma "estrela", na verdade, representa um *estado*; e uma "estrela fixa", um estado fixo de uma energia da Natureza ou, como é chamado em sânscrito, um *Tattwa*, o que significa um estado de *That* ou Ser. Como todo Ser é uma manifestação da Vida ou da Consciência, as "estrelas" representam determinados estados dessa Vida Universal ou Consciência do Todo; em outras palavras, estados da *Mente*.

"Deveis saber que as constelações de planetas e estrelas no céu, juntamente com todo o firmamento, não causam o crescimento de nosso organismo, nem tampouco a cor, aparência ou comportamento dele, e nada têm a ver com nossas virtudes e qualidades. Tal ideia é ridícula. A movimentação de Saturno não interfere com a vida de ninguém, nem sequer a torna mais curta ou mais longa; e mesmo se jamais houvesse existido um planeta chamado 'Saturno' no céu, mesmo assim existiriam pessoas com tendências saturninas. Mesmo que Marte tenha uma natureza ígnea, Nero não é seu filho; e ainda que ambos tenham a mesma natureza (o mesmo tipo de energia sendo manifestado por ambos), nenhum deles a recebe do outro." (Paracelso, *Paramirum*, De Ente Astrorum, C. I. 2)

Para facilitar a compreensão do que Paracelso expressa acima pelo termo "Astronomia", talvez convenha examinar o ensinamento hindu a respeito do *Tattwa*.

De acordo com essa doutrina, o Universo é uma manifestação de *That* (existência ou ser), manifestando-se a si próprio como Vida (*Prana*) no interior do universal *Akâsa* (matéria primordial, a qual, para todos os propósitos práticos, pode ser entendida como o "éter cósmico" do espaço). O *Prana* manifesta-se a si mesmo nos diversos planos de existência em vários *Tattwas* ou formas de existência, correspondendo aos princípios da constituição do homem, anteriormente enumerados. Destes sete *Tattwas*, cinco estão manifestados, correspondendo aos cinco sentidos do corpo humano, sendo chamados como se segue[13]:

1. *Akasa Tattwa*, o elemento uno que forma a verdadeira base dos outros quatro e que corresponde àquilo que no plano físico se torna derradeiramente manifesto como o som audível.

---

13. Cf. Rama Prasad, Nature's Finer Forces.

2. *Vayou Tattwa*, representando o princípio que torna possível experimentar o sentido do tato ou "contato" em todos os planos de existência.
3. *Taijas Tattwa*, a forma de existência que representa o estado que se manifesta em todos os planos como Luz.
4. *Apas Tattwa*, o princípio que torna possível o sentido do paladar em todos os planos de existência.
5. *Prithivi Tattwa*, o princípio que torna possível o sentido do olfato em todos os planos de existência.

As palavras são sempre insuficientes para dar uma ideia adequada de coisas que, na medida em que não são apreendidas por nossa consciência, estão além de nossa compreensão intelectual. Mas podemos examinar os sete *Tattwas*, representados por sete modos de vibrações do éter cósmico, diferindo um do outro não somente quantitativa, mas também qualitativamente. Assim, por exemplo, *Akasa Tattwa* tem um movimento circular; *Vayou Tattwa* um movimento espiralar, etc. Mas tal concepção é bastante inadequada, pois estamos tratando de forças vivas, de estados da vida ou da consciência universal, manifestando-se não somente como causas dos cinco modos de percepção no plano físico, mas também em planos mais elevados. Trata-se de causas que permitem ao homem, por exemplo, não somente sentir o toque de um objeto no plano físico, mas também perceber com seu sentido astral a presença de um objeto no plano astral, e em seu coração o toque de um poder espiritual, poderes que permitem a ele ver não somente a luz física com seus olhos físicos, mas objetos na luz astral com seus órgãos astrais de visão; enfim, compreender verdades intelectuais e ideias com os olhos do intelecto sob a luz de seu intelecto, e elementos espirituais com a luz do espírito. De fato, tudo o que existe é uma manifestação dos *Tattwas*, ou vibrações do éter, estacionárias em seu aspecto de "matéria", porém, progressivas em seu aspecto de "força". Matéria é energia latente, força é substância ativa.[14] Tudo é vida, consciência, inteligência, adormecida ou ativa de acordo com as condições existentes no plano em que se tornam manifestas. Toda substância é mente, e as formas que podemos ver são somente os símbolos dos pensamentos por elas representados.

---

14. Ver Magic, white and black, 4ª edição, Kegan, Paul and Co., London, 1893.

Não é nosso propósito, dentro dos limites deste trabalho, proceder a uma investigação profunda dessa interessante, sublime e elevada ciência, que já foi discutida extensivamente na obra de H. P. Blavatsky, *Doutrina Secreta*. Somente tocamos de leve nesses pontos com o propósito de chamar a atenção para eles, pois representam um aspecto e uma concepção da natureza incomensuravelmente mais elevados do que os representados pela ciência popular e, portanto, atingível somente por aqueles cujas aspirações transcendem o grosseiro plano material.

A *Doutrina Secreta* informa-nos que durante sua evolução nosso planeta somente atingiu seu *Kâmarupa* ou forma animal de existência, e que o próximo e mais elevado estado de existência, *Manas* (mente), mal começou a se desenvolver. Esta pode ser a razão pela qual a ciência da mente se encontra ainda na sua infância em nossos dias, somente compreendida pelos espíritos que, assim como Paracelso e outros de sua estirpe, por nobreza de caráter e espiritualidade, superaram o restante da humanidade em elevação de conhecimento, formando, por assim dizer, a vanguarda do exército, na medida em que exploram regiões que absolutamente são impossíveis de serem conhecidas por outros.

A Astronomia moderna ensina a ciência dos corpos planetários e estelares. A Astronomia de Paracelso trata das forças espirituais representadas por esses planetas, cujas contrapartes estão presentes na constituição do homem e que, assim como toda energia da Natureza, agem sobre seu elemento correspondente na natureza do homem. Todas essas forças universais exercem determinados efeitos sobre seus elementos correspondentes no plano do homem. Assim, por exemplo, não é necessária nenhuma explicação para provar que o sol é a fonte de calor, de luz e de vida de nosso planeta, e que o corpo físico do homem, assim como a Terra, recebe esta energia das radiações vindas do corpo físico do sol, sendo este astro o centro corpóreo visível de um poder que existe em todo o universo, cuja esfera de atividade se estende até os limites de nosso sistema solar. Todos vivemos nossa existência física no interior dessa esfera de atividade e, consequentemente, no interior dos elementos físicos do sol. De uma maneira similar, vivemos nossa existência espiritual no corpo espiritual e na substância do Amor. Mas assim como o sol do mundo físico brilha sobre nosso corpo, também a luz da divina sabedoria envolve-nos, sempre pronta para penetrar nossa alma. Nesse sentido, Paracelso ensina que a Lua corresponde ao corpo astral do homem, exercendo determinados efeitos sobre ele e causando determinados estados que, em última instância, manifestam-se exteriormente como certas doenças morais e psíquicas, sendo que correspondências similares podem ser demonstradas como existindo entre os poderes universais representados pelos planetas visíveis e seus elementos correspondentes da constituição do homem. Mas por mais importante e interessante que possa ser esse assunto, ele recebe pouca ou nenhuma atenção por parte da ciência médica oficial, que se encontra muito ocupada investigando efeitos externos de caráter exclusivamente fenomenal para ter tempo de prestar atenção àquilo que produz tais fenômenos e aparências.[15]

Se a Astronomia de Paracelso fosse compreendida, saberia-se que o homem, ao contrário de criar seus próprios pensamentos, nada mais faz do que remodelar as ideias que fluem em direção à sua mente. Esta "transferência de pensamentos", longe de constituir uma ocorrência rara e estranha, é tão comum quanto a transferência de calor. O homem também saberia que, pertencendo à unidade da Humanidade, todos pensamos e sentimos juntos, cada um expressando os pensamentos de outrem. Se compreendêssemos esta Astronomia, conheceríamos melhor as verdadeiras causas dos crimes, das doenças mentais e das moléstias, e saberíamos como transformá-las. Poderíamos então, talvez, modificar nossos pontos de vista em relação ao suposto livre-arbítrio e à medida da responsabilidade do homem, e saberíamos que o poder da vontade não é um mito, e que bruxarias e feitiços não são mais impossíveis do que a mágica ação do verdadeiro amor.

3. ALQUIMIA

Como não somos especialistas em Alquimia, seremos incapazes de ensinar a ciência deste pilar da medicina, e nem poderia qualquer informação a respeito de determinados poderes misteriosos ser útil àqueles que, não os tendo desenvolvido, são incapazes de utilizá-los. As observações que se seguem devem, portanto, ser compreendidas

---

15. Quanto mais a mente dos homens se tornar complexa por atentar para uma multiplicidade de detalhes, mais ela perderá a capacidade de contemplar os fatos simples. Assim, a ação da luz solar e suas várias cores, cada uma com sua qualidade terapêutica especial, constituem algo por demais simples para atrair a atenção da ciência.

muito mais no sentido de esclarecer o que a Alquimia *não é* do que o que ela *é*. Assim como todo símbolo de uma verdade espiritual sempre se esvai por entre os dedos das pessoas vulgares, assim também essa ciência foi "coberta de lama e abertamente vendida no mercado público",[16] a ponto de hoje não mais ser reconhecida.

Pela mesma razão que o alquimista moderno é incapaz de expressar em linguagem corrente conceitos para os quais nosso idioma não tem palavras e as mentes comuns não têm conceitos, os antigos alquimistas sempre se valiam de uma linguagem velada quando falavam de coisas misteriosas. Com muita frequência, as crianças falam mais sabiamente do que imaginam; os sábios sempre sabem o que falam, mas, a metade dos eruditos não conhece o que fala. A criança que recebe presentes de seus pais no Natal acredita que Cristo lhe enviou os presentes, mas os jovens crescidos e espertos acabam se tornando céticos e riem de tal história. Eles podem manter essa opinião por toda sua vida, ou então tornar-se ainda mais espertos e descobrir que Cristo representa o amor divino, do qual se originou o amor de seus pais e que os induziu a dar presentes, demonstrando que a história na qual acreditaram quando crianças afinal era verdadeira. Da mesma maneira, a Alquimia é tanto uma verdade quanto uma superstição, dependendo somente da definição dada ao termo.

O professor Justus von Liebig diz: "A Alquimia nunca foi diferente da química", e concordamos com esta afirmação tendo em vista que ambas as ciências lidam com elementos objetivos que possuem determinadas afinidades, e nunca com algo que exista externamente à Natureza. Entretanto, enquanto a química comum (química de natureza física) emprega somente forças físicas (mecânicas) para compor e decompor as substâncias materiais, sem que surja algo de novo, já a Alquimia emprega o poder da vida e se utiliza de forças animadas, estabelecendo condições sob as quais algo visível pode surgir a partir de algo invisível, da mesma maneira que uma árvore cresce a partir de uma semente no laboratório alquímico da Natureza. O químico que decompõe o sal em Na e C, e que torna a recombiná-los em NaCl, pratica a química. O jardineiro que estabelece em sua estufa as condições adequadas para que a semente de uma pequena

---

16. Os Símbolos Secretos dos Rosa-cruzes, II, p. 16, Occult Publishing Co., Boston, Mass., 1888.

planta se transforme em um exemplar de grande porte, e o professor de escola que faz brotar um ser inteligente de uma criança inculta, todos estão praticando a Alquimia, pois produzem algo mais nobre que as substâncias originais a partir dos poderes latentes nelas contidos. Nenhuma química fisiológica poderia existir se não houvesse a alquimia da Natureza. Nenhuma forma humana poderia surgir do ovo fetal e nenhuma criança se tornaria adulto sem que houvesse a ação de um princípio universal de vida. O estômago humano é um laboratório alquímico no interior do qual são realizados milagres que nenhum químico moderno pode imitar utilizando-se de métodos puramente químicos. O leite e o pão são transformados em sangue e músculos no interior da retorta viva que é o corpo humano, maravilhas que a química moderna, apesar de todos os seus progressos, não pode imitar, pois não controla o poder organizativo da vida.

Tudo o que as pessoas conhecem a respeito da antiga Alquimia chegou-lhes por meio de mal-compreendidos escritos dos antigos, que escreveram deliberadamente de maneira incompreensível para o não iniciado, ou então a partir de escritos de enganadores – que naquela época eram tão interesseiros e ignorantes quanto hoje –, que perdiam seu tempo em inúteis esforços para aplicar uma ciência espiritual com propósitos materiais, e buscavam empregar poderes que não possuíam na esperança de satisfazer sua curiosidade e sua ambição. Sobre esse tipo de Alquimia, Paracelso falava com o maior desprezo.[17]

Para se praticar a química é necessário empregar poderes físicos e descobertas científicas. Mas para se praticar a Alquimia deve-se possuir poderes espirituais vivos e sabedoria. A química pertence ao homem terreno, porém, *o mais elevado aspecto da Alquimia pertence ao homem espiritualmente regenerado que passou pela MORTE MÍSTICA e pela ressurreição da vida verdadeira e imortal.*[18]

---

17. Paracelsus, p. 168, Trubner & Co., London, 1887.
18. O homem espiritual regenerado não constitui um sonho ou um ideal irrealizável, mas é muito mais verdadeiro que o homem terrestre. William Law diz: "Onde Cristo tiver nascido, ou seu Espírito descer sobre a alma, ali toda individualidade é recusada e obrigada a recuar; ali toda sabedoria carnal, artes e progresso, com todo orgulho e glória desta vida, tornam-se ídolos por demais pagãos e prontos a serem abandonados; e o homem não somente se alegra, mas regozija em afirmar que seu reino não é o deste mundo." (William Law, London, 1893.) Ver também Jacob Boehme, p. 263, London, 1891.

Assim como existem três reinos na Natureza intimamente conectados entre si, o reino da natureza física, o reino da alma do mundo (o plano astral) e o reino do espírito autoconsciente, assim também existem três aspectos da Alquimia intimamente interligados entre si, um pertencendo ao aspecto físico do homem; outro, ao aspecto astral e, o mais elevado, ao aspecto espiritual do homem. H. P. Blavatsky diz a esse respeito:

> "Tudo o que existe no mundo à nossa volta é feito a partir de três princípios (substâncias) e quatro aspectos (a tripla síntese dos sete princípios). Assim como o Homem constitui uma unidade complexa, consistindo de um corpo, uma alma racional e um espírito imortal, assim também cada coisa na natureza possui um aspecto objetivo, uma alma vital e uma centelha divina puramente espiritual e subjetiva. Portanto, assim como todos os objetos naturais, toda ciência verdadeira tem seus três princípios fundamentais e pode ser aplicada por meio dos três, ou então por meio de somente um deles."[19]

Estes três estados de existência no universo são chamados pelos antigos alquimistas de as Três Substâncias, simbolizadas como *Sal, Sulphur e Mercúrio.*

Pela mesma razão que o químico moderno simboliza suas substâncias químicas por meio de letras como O para oxigênio, H para hidrogênio, N para nitrogênio, C para carbogênio,[20] etc., símbolos estes que são incompreensíveis para quem não conhece seu significado, também os antigos alquimistas expressavam a natureza das essências espirituais, energias e princípios com os quais trabalhavam por meio de determinados signos alquímicos, tais como ⊖ para o Sal, ou princípio substancial em todas as coisas; ⚨ para Sulphur, ou energias contidas em seu interior; e ☿ para Mercúrio, ou princípio de inteligência latente em todas as coisas, esteja manifestado ou não. Entretanto, as essências ou estados vivos do universo que se tornam manifestos nestes três planos eram por eles simbolizados pelos signos dos planetas, como já foi dito anteriormente. Esses princípios são eternos,

---
19. Theosofical Siftings, Alchemy, Theos. Pub. Soc., London, 1891.
20. Dissemos propositadamente carbogênio e não carbono, pois estamos nos referindo ao elemento invisível que produz, no plano visível, o carbono ou carvão.

mas suas manifestações diferem, dependendo do plano sobre o qual se manifestam. Assim, por exemplo, o amor é eterno, manifestando-se no reino de Deus como autoconsciência divina; no plano astral como afeto, desejo e paixão e, no plano físico como gravitação, atração, afinidade química, etc. O poder é sempre o mesmo, embora sua ação tome formas distintas sob diferentes condições.

> "Um médico deve saber, acima de tudo, que o homem existe em três substâncias, e que cada uma delas é composta de três aspectos. Estas três substâncias formam o homem como um todo e são o próprio homem, e o homem é elas; e a partir destas três substâncias, ele recebe todo o bem e mal referentes a seu corpo físico. Portanto, todas as coisas existem no interior destas três substâncias, e as três juntas constituem um corpo, e nada mais é acrescentado a ele senão a vida. Quem puder ver estas três substâncias terá então os olhos por meio dos quais todo médico deve ser capaz de ver. Ver somente o aspecto exterior é atributo de todos, mas enxergar o interior e descobrir o que está oculto é a arte que pertence somente ao verdadeiro médico." (*Paramirum*, Lib. I., s.b.)

Aqueles que nos acompanharam em nosso raciocínio já puderam perceber que a compreensão dessa ciência superior, o aprendizado cujo conhecimento requer que uma mente superior despenda toda uma vida, e cuja prática implica o desenvolvimento de faculdades superiores, não são obtidos simplesmente manuseando por algumas horas um livro de Alquimia, e que somente as pessoas que se tornarem alquimistas práticos estão capacitadas para julgar esta ciência. A Alquimia, longe de constituir um embuste é, na verdade, o mais nobre objetivo pelo qual a humanidade pode lutar. Ela representa a realização do mais elevado ideal, uma proeza que não pode ser realizada por nada menos que o próprio ideal. H. P. Blavatsky diz a respeito:

> "Quando os homens dotados de uma inteligência superior surgiram na Terra, eles atribuíram a esse poder supremo (a fagulha divina) a capacidade de ser dotado de ação plena e incontrolável, aprendendo dele suas primeiras lições. Tudo o que tiveram a fazer foi imitá-lo. Mas para poder reproduzir os mesmos efeitos pelo esforço da vontade pessoal, foram obrigados a desenvolver

em sua constituição humana um poder (criativo) chamado na fraseologia oculta de KRIYASAKTI."

Devemos ficar extremamente felizes ao encontrar um cientista que obedeça às leis divinas a ponto de permitir que o poder de Deus (o Espírito Santo) tenha pleno controle sobre seus pensamentos, impulsos e vontades. Tal pessoa, desprovida de desejos egocêntricos, de ambição e de vaidade, desprovida de desejo de riqueza e de fama, e agindo como instrumento do amor divino, representa um espécime raro da humanidade. Infelizmente um tal santo e sábio dificilmente será encontrado em nossa geração atual, pois milhares de elos ainda ligam o animal humano à região de seus desejos. Como poderia um indivíduo, preso à *Lua* por milhares de correntes, empregar a energia do *sol*, cuja influência não permite que penetre sua natureza, impedindo-a, assim, de nutrir seu organismo e de transformar-se em poder em seu interior? O ouro e a prata podem formar uma liga metálica, mas jamais se tornarão idênticos um ao outro. Assim sendo, suas representações espirituais, Sabedoria Divina e intelecto carnal jamais serão uma só e mesma coisa, embora a luz do conhecimento sempre irradie seus reflexos por sobre a mente terrena.

Como dissemos anteriormente, há três aspectos da Alquimia:

1. *A Alquimia Terrena*. Este aspecto mais inferior inclui toda a ciência da química juntamente com todas as descobertas que poderão ser feitas no futuro. Esta alquimia ainda reconhece quatro elementos,[21] além de um quinto, o elemento do qual os outros quatro tomam sua origem. Em outras palavras, quatro estados da matéria e um quinto (parcialmente reconhecido pela ciência):[22] sólido (substancial), líquido, fluídico e etéreo, descritos como se segue:

---

21. Como não estamos escrevendo para crianças, não é necessário refutar pueris objeções e dizer que os sessenta e quatro elementos químicos não são elementos da Natureza, embora possam ser considerados como os elementos da ciência química.
22. Em todas as coisas estão contidos cinco elementos ou qualidades, pois tudo consiste de vibrações de um único elemento, chamado pelos alquimistas de prima materia, no qual estas qualidades estão latentes ou potencialmente contidas. Tudo é uma manifestação da substância primordial, e o essencial é a substância e não a forma. Assim, por exemplo, a essência do diamante é o Carbono, embora o Carbono não seja composto de diamantes. O Carbono é uma substância universalmente distribuída na Natureza sob a forma de sólido, líquido, gás e fogo, sendo que todas estas formas de Carbono representam determinados estados do Carbogênio, que é a origem da nossa existência.

a)▽ *Terra*, que concede substancialidade a todas as coisas, sejam sólidas, líquidas, gasosas, etéricas ou espirituais (Solidez ou Estabilidade).

b)▽ *Água*, estado móvel que torna as coisas líquidas em todos os planos de existência (Movimento).

c)△ *Ar*, que possibilita que as coisas tomem uma forma gasosa (Extensão).

d)△ *Fogo*, que as provê com força (Energia).

e)○ *Éter*, quinto elemento no qual os atributos de todos os demais estão baseados; será o principal objeto de pesquisa científica nos próximos séculos, pois é, de fato, o primeiro e *único* elemento.

São estes elementos que representam os *Tattwas* enumerados no capítulo precedente, e a eles correspondem da maneira como se segue, se adotarmos a mesma ordem:

a)▽ *Prithivi*. Solidez. Terra.

b)▽*Apas*. Movimento. Volume. Água.

c)△ *Vayu*. Extensão. Ar.

d)△ *Taijas*. Energia. Intensidade. Fogo.

e)○ *Akâsa*. O *Tattwa* que forma a base dos outros. Som.[23]

A limitação de espaço destas páginas, além da insuficiência de nossa experiência em relação ao assunto, impedem-nos de entabular uma investigação profunda a respeito das relações existentes entre este aspecto da Alquimia e a química física. Mas temos boas razões para afirmar que estamos às vésperas de grandes descobertas que, certamente, revolucionarão a química oficial de nossos dias.

2. *A Alquimia Celeste*. Mesmo que fôssemos capazes de descrever os segredos da alquimia celeste por intermédio dos quais o universo foi criado e que incluem a regeneração do homem e a obtenção da imortalidade da consciência; e mesmo se isso pudesse

---

23. Vach. Se lembrarmos que de acordo com a Bíblia todas as coisas foram feitas a partir do Verbo, e que "o Verbo era Deus" (João 1,1), obteremos a chave para a compreensão daquilo que gerou o Akâsa.

ser feito publicamente sem profanar tais mistérios, a explicação provavelmente seria compreensível somente para aqueles que, já a conhecendo de antemão, dela não necessitassem. Os que por amor ao conhecimento desejarem investigar este assunto encontrarão todo seu processo descrito de maneira totalmente simbólica no livro *Símbolos Secretos dos Rosa-cruzes dos Séculos XVI e XVII*,[24,25] um livro facilmente compreensível se estudado à luz do Conhecimento, embora completamente ininteligível para a mente carnal, que enxerga todas as verdades de maneira adulterada. Algumas outras explicações também foram dadas no livro *No Pronaos do Templo*.[26] Diremos somente que, nas duas obras, as *Três Substâncias* são chamadas de os *Três Começos*; a Trindade constituindo a primeira manifestação da Unidade e os sete *Tattwas* representando os sete espíritos primitivos[27] ou "sopros vivos", que se originam do seio do *Parabrahm*.[28]

O Universo constitui o Macrocosmo e o Homem, o Microcosmo; e a primeira grande Causa é o criador do mundo, causa de toda a evolução, da mesma forma que o homem individual é o criador de seu próprio mundo interior e exterior, capaz de dar origem a determinados estados superiores em sua mente pelo poder de sua vontade, em obediência à lei, e de criar formas por meio de seus pensamentos, enquanto que a condição de seu estado interior em algum momento produzirá os efeitos correspondentes e a transmutação de seu corpo físico. É dessa maneira que esse corpo físico recompensará plenamente aquele que devotar todo seu tempo à prática da Alquimia e à obtenção do puro ouro da sabedoria a partir dos metais inferiores, representados por suas paixões animais. Essas paixões constituem o legado que a Natureza lhe deixou para que fosse transformado em "prata e ouro", enquanto vive sobre a Terra, pois são os degraus que deve ascender em direção à imortalidade e a seu próprio *Self* divino.

Para praticar esse gênero de Alquimia, o homem não necessita de nenhum livro, forno ou utensílio. Ele é o próprio atanor, o próprio

---

24. Occult Publ. Co., Boston, Mass. e Theosoph. Publ. Soc., London.
25. Recentemente editada entre nós em português pela Ordem Rosacruz, AMORC. (N.T.)
26. Occult Publ. Co., Boston, Mass. e Theosoph. Publ. Soc., London.
27. Jacob Boehme.
28. H. P. Blavatsky, Doutrina Secreta, vol. I, p. 106.

fogo e matéria a ser enobrecida. Em seu interior, seu silente laboratório, com as portas fechadas contra todos os desejos vãos e carnais e pensamentos egoístas, ele poderá *mortificar* sua natureza terrena obtendo a vitória do autocontrole, de maneira que sua natureza superior possa se tornar *liberta* de restrições animais, atingindo a *ressurreição* do túmulo da ignorância em direção à luz do autoconhecimento. Para realizar isso, o homem deverá *purificar* sua mente e permitir que sua alma se torne *animada* pelo poder do espírito de verdade. Tudo o que é inerte em seu ser deve tornar-se *sublimado* no fogo do amor divino, de maneira a evolar-se para o céu sob a forma de elevadas aspirações, enquanto que a fumaça do sofisma, do dogmatismo, do falso conhecimento e da honra pessoal se dissipa pela chaminé, para nunca mais voltar. Nesse sentido, ele deverá se tornar capaz de encontrar sua própria maneira de combinar ☿ com ☉, para transformá-los no verdadeiro ouro que durará por toda a eternidade.

O que foi dito anteriormente é suficiente pra dar uma ideia a respeito do caráter da Alquimia e de suas relações com a química. Mas entre estes dois aspectos existe ainda um terceiro, que é chamado de Alquimia Astral.

3. *A Alquimia Astral.* Assim como a Alquimia inferior requer para sua prática as faculdades do corpo físico, e a Alquimia celeste, que a energia do espírito tenha se tornado poderosa no organismo humano, também a prática da Alquimia que lida com os elementos relacionados ao plano astral requer a evolução da consciência e a percepção do organismo astral do homem, pois, para a maioria das pessoas que vive no plano físico a forma astral é tão inconsciente do meio ambiente ao qual pertence, e tão ignorante de sua natureza, como um bebê é ignorante do significado das coisas do mundo. Não é nosso propósito, entretanto, tratar desse assunto, pois ele nos conduziria ao praticamente inesgotável reino do espiritismo, do hipnotismo, da feitiçaria e da bruxaria, todos fonte de superstições[29] para os que

---

29. Superstição: de super = acima e sto = ficar, permanecer. Representa a crença no conhecimento dos atributos de algo, enquanto tais atributos estão além de nossa concepção. Uma superstição é, portanto, uma opinião errônea a respeito de algo existente, ou uma criação fantasiosa, uma conclusão equivocada proporcionada pela observação de um dado fenômeno sem que fossem compreendidas as leis que produziram tal fenômeno.

nada conhecem a respeito de suas leis, embora realidades para os que conhecem as leis que os regem.

A chave para a compreensão desses fenômenos está na percepção do fato de que o Universo constitui a manifestação de uma energia em três planos de existência. O plano espiritual possui sete estados de consciência, representados por energias inteligentes autoconscientes, tronos e dominações, anjos e arcanjos, todos manifestações da causa primordial chamada Deus. O plano físico também possui seus sete estados de existência, representados por energias nas quais a consciência ainda está latente. Na *região intermediária*, o plano astral, também encontramos sete estados de existência na forma de energias vivas que estão obtendo consciência por meio da organização do homem. É neste plano que os "sete planetas" se manifestam tanto para o bem quanto para o mal, dependendo da natureza da pessoa na qual se expressam. Assim, por exemplo, o elemento universal simbolizado por ♀ se manifestará no homem seja como amor universal, seja como vaidade, dependendo de sua condição. Se ♀ governa seu ♂, a pessoa terá autocontrole; mas se ♂ governar seu amor, ela dará vazão à sua luxúria. Se o elemento ♄ governar sua ☾, sua inteligência terá natureza terrena, estando relacionada ao espírito da terra; mas se sua inteligência predominar sobre os elementos terrenos, ela será capaz de nutrir elevadas aspirações. Se o elemento ☿ predominar sobre seu ♃, ela empregará seu intelecto com o propósito de satisfazer sua avareza, mas, se ♃ dominar seu ☿, será uma pessoa de caráter nobre.

Mencionamos estes aspectos somente para insinuar o caráter sublime da ciência alquímica e para chamar a atenção sobre a verdade universal de que *todo princípio, independentemente do plano no qual exista, não é um produto da forma na qual se desenvolve e se manifesta, mas sim a forma é que proporciona o campo para seu desenvolvimento e manifestação*. Da mesma maneira, a luz solar universal não é um produto dos corpos dos quais se irradia, mas os corpos é que são instrumentos para o desenvolvimento e manifestação das qualidades da luz. Nesse sentido, a vida, a consciência, o desejo, a virtude, a paixão ou qualquer outro estado emocional, espiritual ou físico do homem não são o produto de sua forma, mas sim a expressão de um princípio universal de vida que se torna manifesto pelo homem, de acordo com as condições apresentadas por sua constituição pessoal. Há somente uma vida, que se manifesta em animais como vida animal, em plantas como vida vegetal e assim por diante. Há somente uma consciência, que se manifesta como verdadeiro autoconhecimento em seres espiritualizados e por meio dos instintos no reino animal inferior. O Amor é somente um e universal, pois, de outra maneira, não poderia manifestar as mesmas características em toda a parte; ele não pertence a uma dada pessoa ou a uma determinada região; ele nasceu no céu, mas torna-se manifesto na Terra pelos dos homens, animais, plantas e minerais, sob diferentes aspectos que variam de acordo com as condições que encontra. Tudo é manifestação da Unidade primordial que se revela em um tríplice aspecto. O próprio homem é nada mais que a manifestação do poder universal que o trouxe à existência e construiu sua forma corporal. O homem não é seu corpo nem tampouco sua mente, mas a expressão de um elevado estado de existência individual em um plano inferior, uma das letras que constitui o grande alfabeto da humanidade. Continuamente enganado pela ilusão causada pelo aparente isolamento de sua forma e por sua separação de outras formas de existência, o homem imagina a si próprio como sendo algo essencialmente separado dos outros seres, esquecendo-se de sua natureza universal. Somente quando começa a perceber seu verdadeiro significado, somente então o homem pode começar a adquirir verdadeiro conhecimento dos três reinos da Natureza. O objetivo da ciência é supostamente o conhecimento da verdade, porém, fica evidente que nenhuma ciência genuína pode existir enquanto não se reconhece, e até se rejeita, a verdade, pois é por nada menos que o poder da verdade presente no homem que pode a verdade ser conhecida. Nenhum homem jamais terá conhecimento pessoal de algo que não esteja presente em seu próprio interior.

 Fica claro que tal assunto é tão vasto que seria impossível, em um trabalho como esse, fazer mais do que tocar de leve sua superfície, sendo que incontáveis pontos que deveriam ser explicados sequer foram citados. Entretanto, não é nosso propósito entrar em detalhes a respeito da ciência da Astronomia da Vida ou da Química da Vida, ou então discutir com profundidade os elevados problemas da Filosofia Oculta. O objetivo do presente trabalho é somente modificar opiniões errôneas tão correntes e lançar sementes que, se caírem em terreno fértil, germinarão e darão bons frutos, tais como os que surgem não da manifestação externa da Natureza, mas do interior de seu templo, nas elevadas regiões do pensamento.

4. A VIRTUDE DO MÉDICO

Virtude significa força; diz-se que deriva da palavra latina *vir*, sinônimo de poder masculino, de eficiência, de força. Como o homem é algo mais do que um corpo físico ou animal, isso significa um poder superior, espiritual, substancial, tal qual é manifestado pela nobreza de caráter, pureza de coração, clareza da mente, força de vontade, firmeza de decisão, rapidez de percepção, penetração de pensamento, benevolência, bondade, honestidade, sinceridade, simplicidade, modéstia. Essa virtude é algo infinitamente superior à "virtuosidade" comum, que consiste em aparentar externamente virtude e piedade somente pelo temor do escândalo e receio das críticas. É também algo infinitamente superior àquilo que os moralistas chamam de "moralidade", reputada por alguns como o mais elevado estado a ser conquistado, quando, na verdade, não passa da conformidade com determinados costumes e pontos de vista. Não há necessariamente nenhum mérito em praticar a moral, pois, na maioria das vezes isso só serve para gratificar a vaidade de alguém. A palavra moral vem de *mores*, que significa maneiras. Algo que esteja de acordo com as maneiras e costumes em um determinado país e, portanto, ali tido como moral, pode ser imoral em outro local onde existem maneiras diferentes. De nada vale uma moralidade sem espiritualidade. O mesmo pode ser dito a respeito da ética, derivada da palavra grega *ethos*, costume, que parece ter sido um dos termos inventados com o propósito de criar confusão e para evitar chamar as coisas espirituais por seu verdadeiro nome.

A virtude que, de acordo com Paracelso, constitui o quarto pilar do templo da Medicina, nada tem a ver com simulações. Ela, na verdade, significa *o poder resultante de ser um homem no verdadeiro sentido do termo e de dispor não somente das teorias a respeito do tratamento das doenças, mas também do poder para curá-las.*

Existem, atualmente, milhares de médicos cujo único mérito é o de terem sido aprovados nos exames e obtido o título de doutor. Mas esse título significa somente um grau acadêmico. O diploma somente certifica que os examinadores consideraram que o estudante atendeu a todos os requisitos, pois, embora tal título implique o direito de envenenar e matar sem ser punido por isso, o fato de alguém possuí-lo não o transforma em médico. O verdadeiro médico, assim como o verdadeiro sacerdote, é ordenado por Deus. Paracelso afirma a este respeito:

"Quem pode curar uma doença é um médico. Mas nem imperadores, nem papas, nem colégios, nem faculdades podem criar um médico. Podem somente conferir privilégios e fazer com que uma pessoa que não seja médico pareça ser; podem dar-lhe permissão para matar, mas não o poder de curar; não podem transformar alguém em um verdadeiro médico se antes ele não tiver sido feito por Deus. O verdadeiro médico não se vangloria de suas habilidades, não glorifica seus medicamentos, nem busca monopolizar o direito de roubar o paciente, pois sabe que o trabalho deve louvar o mestre, e não o contrário. Existe um conhecimento que é derivado do homem e outro que é derivado de Deus pela luz da Natureza. Aquele que não nasceu para ser médico jamais será bem sucedido. Um médico deve ser fiel e caridoso. Aquele que somente ama a si mesmo e a seu bolso será de pequeno benefício para o doente. A Medicina é muito mais uma arte do que uma ciência. Conhecer a experiência dos outros é útil para um médico, embora todo o aprendizado dos livros não faça de uma pessoa médico, a não ser que ela já o seja por natureza. A sabedoria médica somente é concedida por Deus." (Comp. *Paragranum*, I, 4)

Esta virtude que constitui o verdadeiro médico não pode ser criada por escolas, nem sequer conferida pessoalmente por alguém. Ninguém pode conferir por si mesmo algo que não possua, ou então se tornar melhor do que já é sem o auxílio de uma influência superior, pois, como já foi dito, o poder exercido por uma forma não é criação dessa forma, mas sim um princípio eterno, que penetra a existência objetiva por meio das formas e se torna manifesto nelas e por elas pelo seu próprio poder. Nem a verdade nem a sabedoria podem ser fabricadas; elas existem independentemente de qualquer opinião, observação, especulação e lógica. Podem estar escondidas de nossa visão como o sol em um dia chuvoso. Mas assim como o sol é independente de nossa consciência de sua presença, assim também a verdade existe eternamente, seja ou não apreendida por nós. Se toda a humanidade existente na Terra por qualquer razão se tornasse idiota, a verdade jamais deixaria de existir, voltando a se manifestar sob a forma de sabedoria em uma época mais iluminada.

Nada pode subir aos céus que não tenha descido deles, e poderemos tornar-nos receptivos para o que for verdadeiro somente superando tudo o que é falso. Meister Eckhart diz:

"A Sabedoria Divina está para Deus assim como a luz solar está para o sol. Ela é una com Ele, uma atividade necessária, uma fonte inesgotável, e haure sua força do coração de Deus."

Isso nos conduz novamente a uma base religiosa (se nos é permitido usar esse malcompreendido termo), e também à necessidade, por parte daquele que faz ofício de empregar as leis da Natureza e tratar o corpo do homem, de conhecer a posição que o homem ocupa na Natureza e a posição que a Natureza ocupa em relação à origem da qual nasceu.

Essa ciência requer não meras palavras, mas autoconhecimento. A Sabedoria somente pode ser ensinada pela própria Sabedoria, mas uma ciência baseada no reconhecimento da verdade dispersa as nuvens que impedem que a luz da verdade penetre o coração e se torne incorporada e manifestada no homem.

Capítulo 3

AS CINCO CAUSAS DAS DOENÇAS

Se perguntarmos aos médicos contemporâneos quais são as causas das doenças, provavelmente obteremos como resposta:

1. idade;
2. hereditariedade;
3. casamentos consanguíneos;
4. sexo;
5. temperamento;
6. clima e localidade de habitação;
7. cidade e país de habitação;
8. condições higiênicas;
9. profissão e ocupação;
10. ar;
11. doenças congênitas;
12. condições mentais e morais;
13. condições físicas externas;
14. venenos;
15. temperatura;
16. dieta;
17. doenças epidêmicas, contágio, malária, parasitas e tumores.[30]

Mas nos absteremos de fazer quaisquer observações a respeito desta classificação, que apenas enumera determinadas condições nas quais as doenças podem surgir, e passaremos à classificação das causas das doenças feita por Paracelso. Entretanto, como este assunto já foi abordado em um trabalho previamente publicado a respeito das doutrinas de Paracelso,[31] tudo o que se segue pretende unicamente propor alguns elementos para reflexão.

---

30. Richard Quain, Dictionary of Medicine, 1883.
31. Paracelsus, Trübner and Co., London, 1887.

Paracelso diz:

"Todas as doenças têm seu início em uma das três substâncias:[32] *Sal, Sulphur ou Mercúrio*, o que significa que elas podem se originar tanto do reino da matéria, da alma ou do espírito. Se o corpo, a alma e a mente estiverem em perfeita harmonia uns com os outros, não existe desarmonia. Mas se surgir um fator de discórdia em um destes três planos, ela acaba sendo comunicada aos outros dois."

Antes de seguir adiante, devemos nos indagar a respeito da natureza destas três substâncias:

SAL ⊖

SULPHUR ♄

MERCÚRIO ☿

Elas podem ser traduzidas como Matéria, Energia e Inteligência. Na verdade, as três não diferem entre si em essência, mas são somente três diferentes modos de atividade de um único e mesmo princípio, pois todas as coisas são substanciais, todas elas contêm um poder ativo ou latente e em todas existe potencialmente a consciência, no caso de ela ainda não ter se manifestado. Tudo existe, portanto, em razão dessas "três substâncias" e, se por acaso resolvermos, somente para ter uma ideia de sua natureza, encarar o mundo como uma manifestação da *eletricidade*, por exemplo (que deve necessariamente ser substancial, já que não existe energia sem substância), poderemos compará-las da seguinte maneira:

⊖ para a resistência elétrica;

♄ para a tensão da força eletromotriz;

☿ para a intensidade da corrente.

---

[32]. A palavra "substância" tem sua origem em sub, sob, e sto, ficar, estar, e representa o princípio subjacente à existência fenomenal, a base da manifestação de poder. É muito frequente que se conceda a tais termos uma interpretação errônea, iniciando-se a seguir discussões a respeito de ninharias.

Não se deve imaginar que essas três grandezas possuam existência isolada, já que "substância, energia e inteligência" são somente três aspectos ou conceitos de uma vida que é universal, embora esta distinção seja necessária para que se possa formar o conceito.

"Nada pode ser verdadeiramente conhecido sem o conhecimento de seu início. O homem é constituído por três substâncias, em cada uma das quais ele tem um início. Cada coisa tem a sua substância, bem como seu número e sua medida, que constituem sua harmonia. Assim, é o estado destas três substâncias que origina todas as causas, ou origens, e também a compreensão das doenças. Estas três substâncias, Sal, Sulphur e Mercúrio, concedem a tudo suas características, cada substância possuindo suas próprias qualidades. Se essas qualidades forem boas (se estiverem em harmonia com as outras), então não haverá doença; mas se entrarem em oposição uma com a outra, resultará a doença (desarmonia)." (Paracelso, *Paramirum*, Lib. I, 1, 2 e 3)

No âmbito destes três reinos, a moléstia pode ocorrer a partir de uma das seguintes *cinco causas de doença*:

1. a partir do *Ens Astrale*, ou seja, as condições ambientais da natureza externa;
2. a partir do *Ens Veneni*, que inclui envenenamentos e impurezas;
3. a partir do *Ens Naturæ*, o que inclui causas herdadas dos antepassados;
4. a partir do *Ens Spirituale*, especialmente aquelas causadas por pensamentos nocivos ou mórbidos;
5. a partir do *Ens Dei*, às quais pertencem as moléstias decorrentes do mau Carma adquirido durante esta encarnação ou uma anterior; em outras palavras, o resultado da Justiça Divina.

Definiremos agora o significado de cada uma destas três causas de doenças.

1. ENS ASTRALE[33]

Doenças causadas por *influências externas*, sejam de natureza física, sejam de causas mais profundas; o planeta sob a influência do qual vivemos, sendo ele próprio um *astrum* (estrela) e possuindo um corpo físico e etéreo, uma vida, uma mente e um espírito.

"As estrelas do céu não condicionam o homem. O homem nasce a partir de duas origens: o *Ens Seminis* (esperma masculino) e o *Ens Virtutis* (a mônada espiritual que reencarna). O homem tem, portanto, duas naturezas, uma física e outra espiritual, e cada uma delas requer sua *digestão* (*matrix* e nutrição). Assim como o ventre materno constitui o mundo que envolve a criança, do qual o feto recebe sua nutrição, também é terrestre a natureza da qual o corpo terrestre do homem recebe as influências que agem em seu organismo. O *Ens Astrale* é algo que não podemos ver, mas que contém a nós e a todas as coisas existentes que experimentam sensação. É o *Ens Astrale* que contém o ar, a partir do qual e no interior do qual vivem todos os elementos; e seu símbolo é o M (*Mysterium*)." (*Paramirum*, Lib. I)

Este *Ens Astrorum* constitui, evidentemente, o *Akâsa*, que forma a base de todas as coisas de natureza física. Se a íntima relação existente entre a natureza física do homem e a natureza física ambiental do homem fosse melhor conhecida, poderíamos compreender a maneira pela qual os estados do onipresente éter, mudanças de temperatura, calor e frio e as condições elétricas e magnéticas da natureza chegam a afetar a natureza física humana, influenciando-a internamente pela indução de mudanças correspondentes em seu microcosmo, mesmo que a pessoa esteja protegida contra a ação direta da chuva, das tempestades, da umidade, do frio, do calor, etc. Uma súbita mudança nas condições do ambiente externo pode afetar um paciente protegido em um quarto onde nenhuma mudança seja perceptível, assim como um dia nublado produz um efeito melancólico mesmo em uma pessoa cega. Não cessam nunca as condições que, na falta de denominação melhor, chamamos de resfriado, de gripe, etc., pois,

---

33. Ens significa uma origem.

na verdade, devem-se à existência de determinadas condições no éter que tudo penetra, induzindo condições similares no organismo do paciente. Assim, por exemplo, mudanças na Lua, ou então nas correntes magnéticas da Terra, produzem determinados efeitos em certas pessoas, mesmo que elas nada conheçam a respeito dessas leis. Era um fato bem conhecido pelos antigos, embora totalmente esquecido pela medicina moderna, que o homem, separado da ordem na qual seus órgãos foram gerados, é essencialmente uma contraparte da Natureza, uma imagem do mundo em escala reduzida, um microcosmo no interior do macrocosmo. A pressão atmosférica no ambiente externo condiciona a pressão atmosférica em seu interior; se a natureza se regozija com a luz do sol da primavera, seu coração também se regozija; se uma tempestade estala lá fora, tempestades semelhantes podem ocorrer em seu interior. O homem é, na verdade, somente um laboratório no qual as energias universais da natureza realizam seu trabalho. A este capítulo também pertencem os miasmas e as influências contagiosas, que incluem todos os micróbios, as bactérias, as amebas, os bacilos, etc., que constituem o orgulho dos modernos pesquisadores, mas cujas características, embora não sua forma física, já eram muito bem conhecidas por Paracelso, que os descreveu sob a denominação de *Talpa, Matena, Tortilleos, Permates*, etc. Diz ele:

> **"Deus fez com que as criaturas vivas existissem em todos os elementos, e nada existe que não seja permeado com a vida. Tudo o que se manifesta no reino visível veio à existência somente por ter sido gerado nas regiões superiores. Sem que tivesse havido tal geração acima, não se tornaria manifestado abaixo."** (*Meteorum*, I, 4)

Desde que foram feitas as descobertas modernas do cólera, do bacilo da tuberculose e de outros microorganismos causadores de doenças contagiosas, tem sido opinião de muitos que a presença de tais organismos é a única e fundamental causa dessas doenças. Mas investigações ainda mais recentes demonstraram que a presença de tais micróbios não constitui a única causa de doença, pois já foram impunemente introduzidos no organismo humano, chegando-se até a demonstrar sua existência em pessoas que haviam se recuperado plenamente de uma moléstia por eles causada. Os fatos demonstram claramente que deve haver uma influência causadora do surgimento de micróbios, após o que eles poderiam espalhar-se e multiplicar-se se as condições fossem favoráveis, sendo a causa fundamental dessas epidemias, portanto, não a presença dos micróbios, já que isso constitui meramente um sintoma, mas sim as influências que proporcionam seu surgimento, produzindo *estados* dos quais os corpos desses microorganismos passam a ser um produto e uma expressão, estados que parecem originar-se de causas situadas muito mais profundamente do que a natureza física visível, se tivermos em mente a forma do "espírito", cuja forma física é somente um símbolo.

> "A ciência humana sabe como filosofar a respeito de coisas acessíveis à observação externa. Mas a Sabedoria ensina o que está contido na *Prima Materia*, o que constitui um maior e mais elevado conhecimento do que o da *Ultima Materia* (o plano físico)." (*Meteorum*, I, 4)

Essa região mais elevada, a partir da qual se originam as influências perniciosas, causando o desenvolvimento de miasmas e de micróbios, é, na verdade, o *plano astral*, ou a alma do mundo; e como as condições maléficas na alma do mundo são causadas pelas condições maléficas da mente humana, torna-se compreensível por que doenças epidêmicas, pestilências e pragas, assim como guerras, constituem somente os resultados finais de desarmonias e estados espirituais degenerados da alma da humanidade. A mais elevada verdade, se conhecida por uma mente pervertida, pode parecer tão distorcida como uma caricatura ou superstição. Uma verdade será devidamente compreendida somente se vista em sua própria luz.

O plano astral é o plano dos desejos, das emoções e das paixões. Isso equivale a dizer que é o plano dessas influências (formas do desejo universal) que se torna manifesto como desejos, emoções e paixões no organismo humano; e se desejássemos estudar esse assunto, ele nos conduziria ao reino do suprassensorial, mas não obstante real, reino das energias elementais vivas da alma do mundo. Se nossos olhos estivessem abertos à percepção dos pensamentos, poderíamos ver de que maneira uma contínua transferência de pensamentos se dá entre mentes individuais, influenciando e determinando as ações dos indivíduos, mesmo que eles não estejam conscientes disso, causando não somente doenças morais, insanidades, obsessões e crimes, mas também epidemias dessas doenças. Existe aqui um imenso campo de investigações para o psicólogo, mas não para aquela classe de psicólogo que acredita que a insanidade é, sob todas as circunstâncias, um distúrbio das funções do cérebro gerado por causas físicas, mas para aqueles que são capazes de perceber que as funções cerebrais podem ser perturbadas pela ação desordenada da mente. Pode acontecer que, em alguns casos de doença cerebral, seja difícil determinar se foi a doença da mente ou a do cérebro que apareceu antes, assim como é difícil responder à questão do ovo e da galinha, muito embora uma lesão do tecido cerebral jamais ocorra sem uma causa, e esta causa, na maior parte das vezes, tenha sua origem no âmbito das emoções e dos pensamentos.

Se não houvesse mente, não poderia haver doença mental. Se a mente existe (mesmo que seja, como alguns imaginam, o produto das funções fisiológicas do cérebro), ela deve ser substancial, e sendo algo substancial é capaz de produzir efeitos substanciais. Mais ainda, suas ações demonstram uma certa ordem e harmonia, o que prova que a mente possui uma organização. Se esta ordem e harmonia é perturbada e submetida a discórdia, o resultado será doença e insanidade. Sem a presença da mente, nada poderia existir; sem a consciência do Todo, nenhum cérebro seria capaz de manifestar a consciência, e é a isso que Paracelso se refere quando diz:

> "**O que quer que exista sobre a Terra, também existe no firmamento (no espaço). Deus não faz as roupas para o homem, mas dá-lhe um alfaiate (formas não nascem espontaneamente, mas constituem o resultado último da ação do poder construtivo da Natureza). A essência das coisas está escondida no espaço, existindo invisivelmente no firmamento e expressando-se em substâncias materiais, quando então se tornam visíveis ao penetrar o campo da percepção.**" (*Meteorum*, I, 4)

Assim, temos no *Ens Astrale* um campo no qual se situam as causas de numerosos tipos de doenças, cuja plena compreensão requer uma penetração ainda mais profunda nos segredos da Natureza e uma concepção mais elevada de sua constituição do que as proporcionadas no presente pelas ciências modernas.

2. ENS VENENI

Doenças originadas a partir de envenenamentos e impurezas nos três planos da existência. Nada é venenoso por si só. Somente se duas coisas cujas naturezas forem incompatíveis entre si entrarem em contato se dará um envenenamento, ou então será produzida uma condição impura.

"**Tudo é perfeito e bom por si próprio. Somente quando algo entra em relação com outra coisa, o bem ou o mal relativo passam a existir. Se algo que não estiver em harmonia com seus elementos entrar na constituição do homem, uma coisa torna-se impura para a outra, e surge, então, o envenenamento.**" (*Paramirum*, II, 1)

Não há dúvida de que a química, a fisiologia e a patologia modernas conhecem mais do que a ciência antiga a respeito da constituição química, dos efeitos fisiológicos dos venenos e dos efeitos patológicos que produzem no organismo animal. Mas explicar a maneira pela qual um determinado processo se dá não é suficiente para explicar o porquê de ter ele acontecido; e aqui ainda resta um imenso campo de investigação, pois no presente podemos somente registrar o fato de que determinadas substâncias exercem ação deletéria no organismo humano, enquanto que as mesmas substâncias, com uma pequena diferença no arranjo de suas moléculas, não somente deixam de ser nocivas, como também podem ser utilizadas como alimento,[34] pois certas substâncias exercem uma ação específica sobre a natureza emocional do homem, causando a tendência para certos estados de sua constituição astral, tais como irritabilidade de temperamento, cólera, cobiça, etc., condições que este homem jamais poderia expressar caso

---

[34]. É pouco necessário dar exemplos, tais como o da estricnina, de fórmula $C_{21}H_{22}N_2O_2$ e uma substância bastante tóxica, cujos mesmos elementos, recombinados em uma proporção diferente, estão contidos no glúten dos alimentos. Se aceitarmos a teoria das vibrações, que parece ser o resultado necessário do universo enquanto substância em movimento, a causa de tais segredos será facilmente encontrada nas discordâncias existentes entre as vibrações que constituem estas substâncias. Esta teoria da harmonia também explica a razão de determinadas substâncias químicas se combinarem com outras em certas proporções constantes.

elementos correspondentes já não estivessem contidos em si. Já outras substâncias exercem ações específicas sobre a mente, tais como enfraquecimento da memória, paralisia da vontade, excitação da imaginação, que jamais seriam possíveis em uma mente material que já não as contivesse em seu seio.

Para a ciência moderna, o Universo é um produto de uma energia mecânica criada pela matéria inconsciente. Para o idealista, ele é somente um sonho que nada tem de real. Mas visto com os olhos da Sabedoria, o Universo é a manifestação da vida e traz a potencialidade da consciência no bojo de todas as coisas. Amor e ódio existem tanto nos minerais quanto no homem, embora em outro estado de consciência. Mesmo uma tragédia ou comédia pode ser escrita em relação à história familiar dos minerais, descrevendo, por exemplo, de que maneira a bela princesa Sódio apaixonou-se e casou-se com um impetuoso jovem chamado Oxigênio, e a feliz união durou somente até o dia em que um invejoso cavaleiro chamado Cloro enamorou-se da princesa Sódio. O jovem Cloro, embora fosse casado com uma caprichosa mulher chamada Hidrogênio, abandonou sua esposa e nada restou ao pobre Oxigênio senão tomar para si a mulher abandonada e transformar-se juntamente com ela em água. Tal história difere de tantas outras similares ocorridas na vida humana somente se os homens forem capazes de seguir consciente e inteligentemente determinadas leis, que são obedecidas sem inteligência individual no reino mineral. Há somente uma Consciência e uma lei de Harmonia no mundo, e é de acordo com elas que as concordâncias e as discordâncias acontecem em todos os três reinos da natureza.

A influência da luz da verdade representa um veneno para as concepções errôneas da mente, e pensamentos materialistas constituem impurezas para a mente que aspira ao reino dos céus. O mal busca sempre criar pensamentos maldosos e dar origem a atos maldosos. Bons atos procriam sua espécie, dando origem a bons pensamentos e aspirações, dos quais crianças bondosas nascem. É a somatória dos desejos individuais do homem que acaba por constituir a alma do mundo; é a somatória dos pensamentos e das opiniões de todo o gênero humano que acaba por constituir a atmosfera mental que envolve o mundo em geral, e cada localidade em particular. E esse estado mental acaba expressando-se em última instância no plano exterior da manifestação. É tão fácil envenenar uma mente com pensamentos impuros como envenenar um organismo com substâncias químicas. Impuro é aquele que nutre diversos desejos divergentes; pura é a mente que tem somente uma vontade. A medicina moderna lida somente com os efeitos externos e as causas físicas, enquanto que a ciência oculta penetra mais profundamente, buscando as causas fundamentais e efeitos finais, muito mais importantes do que as manifestações passageiras que se dão na forma física. Assim, por exemplo, uma atividade sexual promíscua não somente causa doenças venéreas, mas também a interpenetração das naturezas interiores, que se dá em determinada extensão durante o ato, fazendo com que o homem que coabita com uma mulher depravada adquira algumas de suas características e compartilhe de certa forma seu futuro Carma e destino. A base da existência dos seres humanos é aquilo que, na falta de melhor denominação, foi chamado de arbítrio (Espírito ou Vida), pois assim como um corpo pode colorir ou envenenar outro, da mesma maneira uma coloração, e talvez envenenamento, dá-se pela interpenetração dos espíritos durante o intercurso sexual, pois a "substância espiritual" constitui a essência de cada ser humano.

> "Se uma mulher abandona seu marido, ela não se torna livre dele, nem ele livre dela, pois uma vez estabelecida uma união marital, permanece sendo uma união por toda a eternidade."
> (*De Homunculis*)

Aquilo que um dia nutre algo proporcionará sua subsistência até o fim. O corpo físico recebe nutrição do plano físico; a alma é nutrida pelas influências advindas do mundo da alma; o intelecto é nutrido, cresce e se expande no plano intelectual. Um organismo repleto de moléstias se tornará doente; uma alma que viva em meio a desejos mórbidos e desordenados, depravada; uma mente repleta de falsas teorias, de erros e de superstições se tornará diminuída, pervertida e incapaz de voltar-se em direção à luz solar da verdade. O alimento da alma e da mente é tão indispensável para elas como o alimento material para o corpo físico. Corpo, alma e espírito, enquanto três estados do eterno Um, manifestam-se em três diferentes planos de existência e são governados por uma única lei fundamental. Aquilo que o estômago representa para o organismo, a memória representa para a mente. Ambos estão relacionados entre si. Um estômago dispéptico causa uma memória imperfeita e uma mente irritável. Um temperamento irritável causa indigestão e esquecimento. O esquecimento pode causar desatenção, irritabilidade e dispepsia. Alma, corpo e mente são uma coisa só no homem, e as desordens existentes em um deles podem causar impureza nos outros. Cada paixão humana, cada superstição na qual uma pessoa acredite firmemente é capaz de envenenar seu organismo e produzir uma doença. Uma esperança de salvação pode facilmente tornar uma pessoa indolente; a indolência pode causar falta de autocontrole, que por sua vez determinará falta de resistência às influências prejudiciais do plano físico. Repetidas derrotas na vida podem tornar um homem covarde, e sua covardia acaba impedindo-o de afastar-se de uma doutrina que intuitivamente saiba ser falsa. A raiva não somente é prejudicial à saúde física, mas acaba afastando a razão ao confundir a mente. A cólera causa não somente deficiências físicas, como mentais, e a incapacidade de ouvir é frequentemente a única causa de um caráter desconfiado.

Assim, seria possível fazer outras numerosas comparações e analogias e citar inúmeros outros casos para provar a correção desta teoria, se o espaço de que dispomos permitisse e se fosse necessário provar com argumentos e fatos a verdade da unidade do todo. Entretanto, esses poucos referidos devem ser por si próprios evidentes para todos os que se deem ao trabalho de procurar as respostas para tais questões em seu próprio interior.

No entanto, o que está acima não pode influenciar o que está abaixo sem que exista um elo entre ambos. O espírito não pode influenciar o corpo sem a função de ligação da alma, nem tampouco a alma influenciar o corpo exceto por meio da vida. Não podemos cozinhar com o fogo do amor uma panela de sopa para um mendigo faminto. Entretanto, o amor põe em ação a vontade, produzindo atos dirigidos pela mente; e finalmente a sopa pode ser cozida graças ao poder do amor e da caridade. A maior dificuldade na compreensão dos princípios ocultos decorre da circunstância de sermos incapazes de perceber as causas remotas, ou de conseguirmos conectá-las com os efeitos derradeiros, pois somos incapazes de ver através da intricada rede de causas intermediárias entre as duas pontas do processo.

3. ENS NATURÆ

Doenças que têm sua origem em condições inerentes à constituição do homem

O homem é um perfeito filho da Natureza. Não existe uma única essência em sua constituição que não exista na Natureza, nem tampouco nenhuma substância ou energia encontrável na Natureza que não exista nele, seja real ou potencialmente desenvolvida ou não.

"Há muitas pessoas que dizem que o homem é um microcosmo, embora poucas compreendam o que isso realmente significa. Assim como o próprio mundo é um organismo com todas as suas constelações, também o homem é uma constelação (organismo), um mundo em si próprio. Como o firmamento (espaço) do mundo não é controlado por nenhuma criatura, também o firmamento que há no interior do homem (sua mente) não está sujeito a nenhuma outra criatura. Este firmamento (esfera da mente) do homem possui seus planetas e estrelas (estados mentais), suas exaltações, conjunções e oposições (estados de ânimo, pensamentos, emoções, ideias, simpatias e aversões), sejam chamados por que nomes forem; e assim como todos os corpos celestiais estão conectados uns com os outros por relações invisíveis, assim também os órgãos do corpo humano não são inteiramente independentes, mas dependem um do outro em determinada extensão. Seu coração é seu ☉; seu cérebro, sua ☾; o baço, seu ♄; o fígado, ♃; os pulmões, ☿ e os rins ♀." (*Paramirum*, III, 4)

O homem tem dois tipos de natureza. Seu organismo físico é um produto da herança natural que recebeu de seus antepassados terrenos. Sua organização mental é o resultado de um elevado e bastante especial tipo de evolução. Sua natureza terrestre inclui não somente seu organismo visível, mas também a organização de sua forma astral e constituição mental.

"Existem dois tipos de carne. A carne *de Adão* (o corpo físico), que é a carne grosseiramente terrestre, e a carne que é *derivada de Adão*, que tem uma característica mais sutil. Esta última não é formada de matéria grosseira e pode atravessar paredes sem que sejam necessárias portas ou janelas, embora ambas as carnes possuam seu sangue e ossos, e ambas sejam diferentes do espírito." (Paracelso, *De Nymphis*)

Na medida em que o homem traz em seu interior as mesmas essências e poderes e, na medida em que há somente uma lei evolutiva universal, segue-se que se dá no homem um desenvolvimento similar, se não idêntico, ao desenvolvimento das naturezas eterna e interna. As concordâncias e discordâncias de sua natureza podem crescer e desenvolver-se em harmonias e desarmonias, e tornar o homem uma sinfonia ou cacofonia, matizando todo o seu ser e transmitindo-se à sua descendência. Uma semente de trigo e uma semente de cevada parecem-se muito uma com a outra, e no entanto, desenvolve-se trigo de uma e cevada da outra. O ovo do ser humano não apresenta nenhuma diferença substancial do ovo de um macaco; no entanto, a partir de um, cresce um ser humano e do outro, um macaco. A natureza do homem é plenamente expressada em toda parte de seu organismo, e no esperma do pai está contida não somente a qualidade desta ou daquela parte de sua natureza, como também a potencialidade do todo.[35]

É a qualidade da constituição de uma pessoa que determina a extensão de sua vida natural.

"Quando uma criança nasce, seu *firmamento* (corpo astral e mente, etc.) nasce juntamente com ela contendo os sete princípios, cada um deles possuindo suas próprias potencialidades e qualidades. Aquilo que chamamos de *predestinação* é somente a qualidade das energias no interior do homem. A debilidade ou

---

35. No reconhecimento desta lei está contida a chave para a compreensão da quiromancia, da frenologia, da fisiognomia, da psicometria, etc., e seu valor na prática médica, pois, embora a forma física, sendo devida a condições físicas externas, possa não ser uma imagem exata da natureza interna do homem, não obstante o caráter da mente seja em certa medida visivelmente impresso em cada parte do corpo e constituindo um todo e uma unidade, o aspecto geral de um determinado caráter pode ser lido em cada parte do corpo, se soubermos como lê-lo, da mesma maneira que um botânico pode falar a respeito do caráter de uma árvore examinando uma de suas folhas, pois descobre imediatamente a qual categoria de árvores pertence.

robustez de sua constituição determinam de que maneira sua vida deve ser curta ou longa, de acordo com leis naturais. Os planetas em seu interior percorrem seu trajeto tenha ele uma vida longa ou curta, embora no primeiro caso o trânsito dos planetas seja de longa duração e no último caso seja de curta duração. É a qualidade da constituição herdada por um homem em seu nascimento que determina a duração de sua vida natural, assim como a quantidade de areia em nossa ampulheta determina o tempo que ainda resta passar." (*Paramirum*, L. I., Tr. III, C. 5)

O *Ens Naturæ*, portanto, refere-se àquele momento inicial da constituição humana que resulta na qualidade de seu organismo, alma e mente da maneira como as recebeu da Natureza, e inclui todas as doenças físicas congênitas, qualidades de temperamento e peculiaridades mentais, pois a parte terrestre da mente (*Kâma Manas*) pertence à natureza terrestre e suas tendências são herdadas, enquanto que a parte espiritual da mente *(Manas Buddhi)* não é herdada dos pais, pertencendo ao homem espiritual cujo pai existe na eternidade.[36]

Essa categoria inclui todas as doenças internas que se originam de desordens advindas da interação das funções fisiológicas dos órgãos do organismo, ou então da interação entre estes e os da alma (as emoções) e da mente (os pensamentos).

Esse sistema de Paracelso inclui todo o campo da moderna fisiologia e patologia, embora tenha um alcance mais profundo, pois investiga todas as funções da alma e da mente e acompanha todas as repercussões de um desejo ou pensamento negativo até que ele encontre sua expressão derradeira em uma manifestação externa de estados patológicos visíveis. Não é possível, nos limites desta obra, entrar em detalhes neste campo da patologia.

Não há nenhuma indicação de que as simpatias e as antipatias ou, em outras palavras, as relações fisiológicas existentes entre os diferentes órgãos do organismo humano, sejam melhor conhecidas nos dias de hoje do que o foram na época de Paracelso. Ao contrário, ele

---

36. "O caráter de um homem e seus talentos, aptidões, destrezas, etc., não são proporcionados por sua natureza (terrestre). Seu espírito não é um produto da natureza, mas advém do reino incorpóreo. Não se deve afirmar que o homem receba estas características da Natureza; os sábios jamais fazem tal afirmação." (Paramirum, L. I., Tr. III, C. 2)

falava sobre as correntes da vida-princípio tomando lugar entre estes órgãos, enquanto que a moderna anatomia trata somente de nervos, que estão relacionados com o "fluido da vida" da mesma maneira que fios elétricos estão relacionados com a eletricidade.

"O coração envia seu espírito (poder de vontade) para todo o corpo, assim como o sol envia sua energia para todos os planetas e terras; a ☾ (a inteligência cerebral) flui para o coração e de novo em direção ao cérebro. O fogo (calor) tem sua origem na atividade (química) dos órgãos (os pulmões), mas penetra todo o organismo. O *liquor vitæ* (essência de vida) encontra-se universalmente distribuído e circulando no organismo. Este humor contém diferentes energias, dando origem a *metais* (virtudes ou vícios) de vários tipos." (*Paramirum*, L. I., Tr. 3)

Tanto a ciência antiga como a moderna estão corretas até onde alcançam, mas somente a ciência moderna dirige toda a sua atenção às formas (órgãos, nervos, etc.) que constituem meros produtos de determinados princípios e energias e os instrumentos de sua atividade, enquanto que a ciência antiga lida com essas energias, tomando somente em consideração secundária os instrumentos visíveis por meio dos quais elas se tornam manifestas. A ciência moderna, por assim dizer, estuda os movimentos musculares do músico, enquanto a ciência oculta conhece a própria arte da música. A ciência material é o ajudante que mistura as tintas para o pintor; já o verdadeiro médico é o artista que sabe como pintar. Uma estuda as ferramentas que o trabalhador utiliza, a outra enfoca o próprio trabalhador. Estas comparações não são aqui citadas com o propósito de desacreditar a medicina moderna, nem tampouco de censurar qualquer médico moderno por não empregar poderes que não possui, mas sim com o propósito de indicar que o conhecimento dos fenômenos físicos e formas visíveis não constitui o limite de todo o conhecimento disponível, e que existe um mais elevado e importante gênero de conhecimento, baseado em uma percepção mais elevada, tal a que é obtida somente a partir do maior desenvolvimento do caráter espiritual do homem. Esta percepção somente se torna possível quando a presunção e a vaidade terrenas são superadas, e quando, elevando-se a alturas maiores, o homem percebe a insignificância da ilusão terrestre do ego.

4. ENS SPIRITUALE

Doenças advindas de causas espirituais
Espírito – de *spiro*, soprar – significa respiração, alento. O sopro representa um poder bastante distinto da força mecânica, pois é dotado de consciência, de vida e de inteligência. Em seu aspecto de energia universal, representa o sopro de Deus, que fez com que o Universo passasse de um estado subjetivo para a existência objetiva. Em seu aspecto individual, representa a energia espiritual que reside no homem.[37]

Espírito é Consciência em todos os planos de existência. Entretanto, dessa assertiva não se segue que todas as formas nas quais ele resida necessariamente manifestem autoconsciência, ou mesmo que estejam conscientes de existir. Para a manifestação de perfeita autoconsciência é necessário que exista um organismo espiritual, tal qual um homem médio não possui, se não tiver ele renascido no espírito. Nas formas do reino mineral, a presença do espírito é perceptível por meio das manifestações da vida mineral; no reino vegetal, pelas manifestações da vida vegetal; e no reino animal, pelas da vida animal, pois o próprio espírito é a base da vida nos mundos físico, astral, intelectual e espiritual. Mas assim como o espírito do universo é o sopro de Deus, originando-se do Centro e a ele retornando, assim também o espírito do homem é a energia espiritual que faz parte de sua constituição, mas, que se desprende novamente quando o corpo morre.

> "Isto é o espírito, que nasceu de nossos pensamentos. Aquilo que nasce depois de nossa morte é a alma." (*Paramirum*, L. I., C. IV, 2)

> "O espírito não nasce do raciocínio, mas da vontade." (*Paramirum*, L. I., C. IV, 3)

---

37. "E o pó retornará à terra de onde veio, e o sopro voltará a Deus, que o concedeu." (Eclesiastes, 12:7)

Espírito, em outras palavras, é uma forma de Vontade dotada de pensamento, uma energia espiritual, em si mesma nem boa nem má, mas, que se torna boa ou má dependendo do propósito com o qual é utilizada. Suas funções são o querer, o imaginar e o relembrar. Muito se escreveu a respeito do poder da vontade e da imaginação na Natureza, no sentido de que os clichês existentes na memória da mente universal continuamente encontram uma nova expressão em formas físicas visíveis.[38] Nesse caso, devemos lidar somente com as qualidades destas três funções e com os efeitos que produzem no organismo humano.

Nas três divisões prévias deste capítulo, pudemos considerar as causas de doenças que se originam da parte terrestre da constituição humana. Já esta parte e a seguinte tratam das influências espirituais.

> **"Existem duas pessoas no homem, uma que é material e a outra que é um ser espiritual (corpo-pensante), impalpável, invisível, sujeita às suas próprias doenças (discordâncias); uma que pertence ao mundo material e outra, ao mundo espiritual, cada uma delas possuindo seus próprios estados de consciência, percepção e memória, suas próprias associações com seres de sua própria natureza. Entretanto, ambas constituem uma só durante a vida, e o espírito influencia o corpo, embora o corpo não influencie o espírito. Portanto, se o espírito está adoentado, de nada vale tratar o corpo. Mas se o corpo se encontra adoentado, ele pode ser curado por meio do tratamento do espírito." (Lib. Paramirum, I, IV, 4 e 7)**

A parte espiritual, ou corpo-pensante do homem, é o veículo do espírito que reencarna, quando a individualidade espiritual se desenvolve em uma nova personalidade sobre a Terra. Mas para que se possa compreender o que é dito na próxima divisão deste capítulo, será necessário compreender a teoria da Reencarnação, a respeito da qual somente podemos tratar rapidamente no espaço em que dispomos. H. P. Blavatsky afirma que aquilo que reencarna é:

---

38. Ver Magia Negra e Branca, Paracelso, Boehme, etc.

"O Ego espiritual pensante, o princípio permanente no homem, ou aquilo que constitui a sede do *Manas*. Não se trata nem do *Atma*, nem do *Atma-Buddhi*, que representam o homem individual ou divino, mas do *Manas*, pois *Atman* é o Todo Universal e se transforma no mais Elevado *Self* do homem somente quando se conjuga com *Buddhi*, seu veículo, que estabelece a ligação entre Ele e a individualidade (ou Homem Divino)." *(A Chave da Teosofia*, p. 121, London, 1889)

A ressurreição do corpo físico constitui uma superstição moderna na qual nenhum dos antigos filósofos ou verdadeiros cristãos jamais acreditaram.

"Existe um organismo invisível no homem, que não se encontra entre as *três substâncias*; um corpo que (diferentemente do corpo material) não vem do *Limbus* (matéria), mas se origina no sopro vivente de Deus. Não se trata de um corpo que vem à existência após a morte, para erguer-se no Julgamento Final, pois sendo o corpo físico uma não entidade (irreal), ele não pode ressuscitar após a morte, nem jamais seremos chamados a dar contas de nossa saúde física e doenças. Seremos julgados, isso sim, por todos os fatos que decorrerem de nossa vontade. Este corpo espiritual do homem é a carne que se origina do sopro de Deus. Existem, pois, dois corpos, mas somente uma carne." (*Paramirum*, Lib. II, 8)

a) A VONTADE

A palavra vontade (will) vem de *Willan*, desejo, embora seja bastante distinta dos desejos egoístas que resultam das fantasias cerebrais. A verdadeira vontade é uma energia poderosa que vem do centro, do coração, representando em seu aspecto mais elevado aquele poder criativo que levou o mundo a existir. Todas as ações voluntárias e involuntárias da natureza e do organismo humanos se originam da ação da vontade, estejamos ou não conscientes dela.

"Não conheceis uma fagulha a respeito do verdadeiro poder da vontade." (*Paramirum*, I, IV, 8)

No plano físico a vontade age, por assim dizer, inconscientemente, cumprindo cegamente as leis da Natureza, causando atrações e repulsões e guiando as funções mecânicas, químicas e fisiológicas do organismo sem que a inteligência do homem tome parte do processo. O próprio homem é uma manifestação da vontade, e sua vontade (espírito) pode realizar muitas coisas independentemente da atividade intelectual do cérebro, todas elas permanecendo inexplicadas pela fisiologia moderna, embora esta não possa negar determinados fatos. Assim, um pianista experimentado não precisa primeiramente determinar que tipo de movimento deverão realizar os músculos de seus dedos para tocar uma tecla de seu instrumento, pois ele o faz instintivamente após seu espírito ter sido educado para tanto. Equilibrar-se sobre o arame, proezas esportivas e atos de toda natureza constituem os produtos de uma vontade treinada, e seriam impossíveis sem ela. Podem todos ser supervisionados pelo intelecto, mas, jamais guiados por ele. Seu campo de ação está limitado somente ao organismo no qual reside.

Em um aspecto mais elevado, a vontade constitui um poder consciente que se manifesta sob a forma de emoções, de virtudes e de vícios de vários tipos. Seu campo de ação estende-se tão longe quanto o campo de influência da mente individual. Assim, a vontade de uma pessoa superior exerce uma marcada influência sobre a de seus inferiores, como a de um professor sobre seus alunos, um general sobre seu exército ou um sábio sobre o mundo.

No seu aspecto mais elevado, a vontade manifesta-se como uma autoconsciência de poder, capaz de agir muito além dos limites da forma física da qual se origina, constituindo, por assim dizer, um ser espiritual e independente que age sob a direção da inteligência da pessoa da qual se origina. Por mais estranha que esta afirmativa possa parecer, ela, no entanto, é verdadeira, e os fenômenos do hipnotismo atualmente aceitos proporcionaram a compreensão de tais mecanismos.[39] Uma

---

39. Qualquer pessoa que desejar informações a respeito de tais assuntos pode encontrá-las na literatura sobre espiritismo, bruxarias medievais, na vida dos Santos, etc. Uma grande quantidade de volumes pode ser preenchida com tais considerações, embora os fenômenos constituam provas somente para quem os experimenta. Uma pessoa que não possua nenhuma experiência a respeito de determinado assunto estará sempre livre para negar sua existência, sendo muito mais fácil chamá-lo de "superstição" do que atingir sua compreensão pelo estudo de leis secretas.

investigação a respeito desse assunto nos conduziria para os campos da magia, do espiritismo, da bruxaria, da feitiçaria e outros que não dizem respeito ao nosso presente propósito, e que já foram tratados em um trabalho prévio.[40]

Assim como uma vontade maldosa constitui a causa de numerosas doenças, também uma vontade bondosa representa um excelente remédio para a cura dessas doenças. Enquanto dois tolos, hipnotizando um ao outro, produzirão uma mistura de tolices, o poder mágico da vontade autoconsciente e bondosa de um médico iluminado é capaz de proporcionar confiança e restaurar a saúde em vários casos em que todos os medicamentos da farmacopeia são de nenhum valor, fazendo com que o cultivo deste poder seja de extrema importância, muito mais do que todos os detalhes a respeito da ação das drogas. Ciência e Sabedoria devem ser cultivadas conjuntamente, mas não de maneira a que a última se faça às custas da primeira.

b) A IMAGINAÇÃO

Imaginação é o poder que a mente tem de formar imagens, desde as sombrias imagens de um sonho até as vívidas e quase reais imagens formadas pelo poder de um Adepto. Esta faculdade, muito bem conhecida pelos antigos filósofos que a possuíam em alto grau, é quase inteiramente ignorada pela medicina moderna que, a despeito das recentes descobertas daquilo que atualmente é chamado de "sugestão", parece não suspeitar da extensão de seu poder. Trata-se de um poder cuja aplicação não pode ser ensinada àqueles que não o possuem, e poucas pessoas possuem este poder desenvolvido, pois nossa presente geração é de natureza predominantemente *adâmica* (terrestre) e impotente: vivendo uma vida onírica, e sendo ela própria composta de sonhos, sua imaginação é tão débil quanto um sonho. O verdadeiro poder da imaginação ativa e efetiva pertence ao homem interior espiritual que, na vasta maioria das pessoas, ainda não despertou. Somente quando os homens e as mulheres tiverem penetrado a verdadeira vida – em outras palavras, quando seus espíritos tiverem se tornado autoconscientes –, estarão capacitados a possuir e a exercitar

---

40. Ver The Law of Psychic Phenomena, Thomson Jay Hudson.

poderes espirituais, tais como os que constituem os *Arcana*[41] de Teophrasto Paracelso, a respeito dos quais houve tanta especulação na moderna literatura e dos quais tão pouco se compreendeu – pedra em que tropeçaram e também fértil fonte de erro para tantos de nossos modernos observadores superficiais.

Não criticamos a moderna ciência médica por não conhecer aquilo que ignora, mas acreditamos que a presunção daqueles que provisoriamente figuram como representantes da ciência, e a daqueles que de maneira dogmática declaram como inútil e absurdo aquilo que não possuem, não deveria ser encorajada. Não está distante a época em que a ciência oficial ria da possibilidade de a Terra ser redonda; em que declarava oficialmente que os meteoros não poderiam cair do céu, "porque não existem pedras no céu"; ou então que denunciava a crença em "fenômenos psíquicos" como constituindo uma degradante superstição e ridicularizava a ideia de se construírem barcos a vapor, telégrafos, etc. Todos esses erros se originam não da ciência, mas, da estúpida ignorância e da vaidade dos homens, e são o resultado de enfermidades humanas que existem tanto em nossos dias quanto existia antigamente, que somente podem ser curadas pelo desenvolvimento de um poder superior por intermédio do conhecimento da verdade.

c) A MEMÓRIA

O terceiro grande poder do espírito manifestado na mente é o poder da memória, que é, de fato, o poder que o espírito do homem tem de visitar os locais do interior de sua mente em que as impressões de experiências anteriores foram preservadas, trazendo-as então novamente para o campo da consciência. Qualquer que seja a função exercida pelo cérebro físico no exercício desta faculdade do espírito, o cérebro é tanto a memória quanto os olhos são a visão. O cérebro

---

41. Arcanum significa mistério. A chave para um mistério é a sua compreensão. Os Arcana de Paracelso não foram, como afirmaram algumas "autoridades", remédios patenteados cuja composição ele manteve secreta, mas sim seu conhecimento a respeito das formas de efetuar uma cura. Diz ele: "Se houver uma pedra na vesícula, o arcanum é o bisturi (para realizar uma litotomia); na mania (aguda) o arcanum é a flebotomia. Um arcanum representa a passagem para um novo estado, o dar nascimento a uma coisa ou condição nova". (Paramirum, I, 5; II, 2) Todo plano de existência tem seus próprios mistérios e remédios arcanos.

é somente um instrumento de percepção, mas não o percebedor, nem tampouco a percepção propriamente dita. Lembrar-se de uma coisa significa enxergar sua impressão ou imagem na *luz astral;* recordar-se de algo significa focalizar a atenção para o local em que esta impressão está armazenada na mente, e o poder que capacita uma pessoa para assim o fazer é a relação que existe entre o criador e suas criaturas. Quando uma pessoa forma um pensamento ou ideia, ou então percebe uma imagem, torna-se capaz de recordar estes elementos porque a impressão de sua criação, uma vez tendo se originado de si própria, passa a fazer parte de seu mundo.

O fato de alguém poder ver clara e nitidamente essas imagens na Luz Astral depende de seu poder espiritual de percepção. Embora para a grande maioria das pessoas da atual geração essa capacidade de percepção não penetre profundamente nem se eleve além da Luz Astral, para o homem espiritualmente desenvolvido ela pode penetrar muito profundamente e observar os registros não somente da presente encarnação, mas também os referentes aos estados prévios de existência.

Vontade, Imaginação e Memória são causas de várias doenças, que podem ser motivadas pelo uso pervertido que uma pessoa faça destas faculdades, ou então pela maneira como são praticadas em relação a uma outra pessoa. Um pensamento de qualquer tipo, seja perverso ou virtuoso, se tornado poderoso e substancial pelo consentimento da vontade, faz nascer no mundo interior como que um ser elemental, que por ser cultivado cresce de maneira a poder posteriormente obsedar seu criador e produzir efeitos visíveis no invólucro físico. A imaginação de animais produz câmbios na cor de suas crias, e a imaginação de uma mãe pode produzir marcas em seu filho; a recordação de eventos desagradáveis e sua manutenção na memória podem produzir melancolia, mau temperamento e abatimento, gula, avareza, cobiça e outros. Todas as formas de lembranças desagradáveis produzirão não somente estados mórbidos da mente, mas também determinadas mudanças definitivas no corpo físico, as quais oferecerão um vasto campo de estudo para a psicologia do futuro. Uma exposição completa a respeito dessa ciência mental não pode ser praticada no limitado espaço deste trabalho, mas já existe uma extensa quantidade de literatura a respeito desse assunto ignorado pela ciência oficial.

5. *ENS DEI*

Doenças causadas pela Retribuição Eterna
Uma definição da palavra Deus é impossível, pois ela se refere a uma condição que está além da capacidade de concepção da mente limitada. Eckhart diz: "Um Deus que posso conceber não seria um deus, mas uma criatura limitada". Portanto, somente podemos dizer que Deus é a vontade universal expressa no seu aspecto mais elevado como amor divino, que é a suprema lei e vida de todas as coisas. Uma consequência necessária da operação da lei divina é a justiça divina, pois seria impossível imaginar de que maneira uma pessoa poderia ser favorecida sem que se cometesse injustiça com outra, privando a lei do amor divino universal de sua unidade e igualitarismo. Esta lei divina de justiça, devido à qual toda causa criada por um ser racional retorna, com todos os seus efeitos, para quem a criou, é chamada no Oriente de Lei do Carma e pode ser traduzida como a lei da Retribuição Eterna. H. P. Blavatsky diz a este respeito:

> "**Carma é a infalível lei que ajusta o efeito à causa, nos planos físico, mental e espiritual de existência.** Como nenhuma causa, desde a maior até a mais insignificante, desde um distúrbio cósmico até o movimento de uma mão, permanece sem seu respectivo efeito, e como o semelhante produz o semelhante, Carma é a lei que ajusta sábia, inteligente e equitativamente cada efeito à sua causa, conduzindo o primeiro em direção àquele que o produziu." (*Key to Theosophy*, p. 201)

Esta lei do Carma é correntemente conhecida como a Vontade de Deus, ou como os efeitos das causas, que estão todos baseados na Lei Universal, o que significa a ação da justiça divina por intermédio do universo, e que é causa não somente de fatos desagradáveis, de diferenças de classes sociais, de distribuição desigual de saúde e de conforto, de boa sorte ou de desventuras, mas também de defeitos de caráter, de anormalidades mentais e de doenças físicas.

Na verdade, todas as doenças são efeitos da lei do Carma, os efeitos das causas. Mas não se deve compreender isso como "fatalidade", nem se deve pensar que nada possa ser feito para mitigar tais efeitos, pois o Carma também origina o bem. Se um paciente encontra um médico capaz de curá-lo, fica provado que era seu Carma encontrá-lo e ser por ele curado.

> "Toda saúde e toda doença vêm de Deus, que também proporciona seus respectivos remédios. Cada doença constitui um purgatório, e nenhum médico pode realizar uma cura até o momento em que o purgatório tenha terminado. Médicos ignorantes são os diabos de tal purgatório, mas um médico sábio é um anjo redentor e servidor de Deus. O médico é um servidor da natureza, e Deus é seu Senhor. Portanto, nenhum médico jamais realiza uma cura até que seja da vontade de Deus curar o paciente por meio dele." (*Paramirum*, I., C. IV., 2 e 7)

Conhecer um fato de maneira teórica constitui ciência; saber como se valer deste fato na prática constitui arte.[42] Era opinião dos antigos filósofos, e também será opinião do médico do futuro, que a Medicina não é simplesmente uma ciência, mas sim uma arte sagrada, e que uma mera ciência desprovida de bondade e de sabedoria de nada vale. A prática da medicina não deve se basear somente em teorias científicas relativas às leis do plano inferior de manifestação da natureza, o plano das aparências físicas, pois o fundamento de qualquer ciência deve ser o próprio reconhecimento da Verdade Eterna. Saúde e doença não são determinadas somente por leis físicas, tais como as que governam os seres mais inferiores; nem tampouco são as leis da Natureza criadas pela própria Natureza, *pois todas as leis naturais representam o resultado de uma lei espiritual agindo na Natureza.*

---

42. A causa de determinada doença pode ser originada não somente destas cinco categorias, mas, de outras mais. Por exemplo, uma hemorragia do útero pode ser causada por excitação mental associada a um estado de baixa resistência nos tecidos dos órgãos; a insanidade pode ser causada por circunstâncias mentais, morais e físicas; a cegueira pode ser o resultado de causas físicas ou excitação mental; um defeito físico pode ser o resultado de Carma pré-natal ou causas físicas. No mecanismo de relógio da Natureza, todas as engrenagens estão conectadas entre si. Portanto, não somente uma das causas, mas, todas elas devem ser conhecidas e levadas em consideração. Entretanto, um dos cinco métodos de tratamento sempre contém em si todos os elementos para efetuar a cura. Não é, pois, necessário que um médico deva praticar todos os cinco métodos de tratamento, embora deva ter um completo conhecimento do método por ele escolhido, e deva ser bem versado e habituado a seu método, embora não deva acreditar que seu próprio método seja o único verdadeiro e rejeitar outros sobre os quais nada saiba.

Nos reinos em que a inteligência desempenha um papel importante, reinos em que a vontade começa a se tornar livre e a responsabilidade individual começa a tomar lugar, uma ação mais direta da lei divina começa a se manifestar. Embora o conhecimento das leis da natureza física seja extremamente útil e necessário, o estudante de medicina deve, acima de tudo, cultivar a espiritualidade e a nobreza de caráter, que resultam do reconhecimento da lei fundamental da Divina Sabedoria, na qual se baseiam toda ordem e harmonia existentes no mundo. Assim, o exercício da medicina está fundamentado não em uma prática exclusivamente técnica, e não constitui somente uma fonte de renda ou profissão que possa ser escolhida por alguém por toda a vida, mas requer para sua legitimidade o emprego de faculdades como as que resultam do desenvolvimento dos mais elevados e nobres elementos, a parte espiritual presente na constituição do homem.

Capítulo 4

AS CINCO CATEGORIAS DE MÉDICOS

Assim como existem cinco causas de doenças, e como para cada doença deve ser considerada sua causa, também se deve distinguir cinco modos distintos de tratamento que, contudo, não devem ser confundidos com os cinco diferentes sistemas de tratamento. Também ninguém poderá escolher o modo de tratamento a seu bel-prazer, pois cada um deles requer que o médico que trata possua determinadas habilidades e qualificações, sendo que a mais elevada dentre elas raramente é encontrada nos dias de hoje. Enquanto a ciência dos métodos inferiores, como prescrição de drogas, uso de água quente ou fria ou a aplicação de quaisquer outras forças físicas, pode ser ensinada a qualquer pessoa que disponha de uma razoável inteligência, a verdadeira arte da medicina requer pendores e talentos mais elevados, os quais não podem ser adquiridos de nenhuma outra maneira senão por meio da lei da evolução espiritual, pelo desenvolvimento do homem interior. Um médico que possua os poderes proporcionados pela sabedoria também pode adquirir o conhecimento técnico que caracteriza as classes mais inferiores de médicos. Entretanto, um médico de uma categoria inferior jamais será capaz de praticar a arte da categoria mais elevada sem que tenha se tornado um iniciado nesta categoria, desenvolvendo o poder requerido por ela.

Isso torna claro que a categoria do médico é de muito maior importância do que o sistema por ele praticado, e Paracelso distingue cinco categorias de médicos: as três primeiras formadas pelos profissionais que se utilizam de técnicas do plano material e as duas mais elevadas que empregam tratamentos relacionados ao plano suprassensorial. Mas Paracelso também afirma, em razão da unidade que permeia toda a Natureza, que todas as categorias médicas podem realizar curas em cada um dos cinco campos, e que nenhum médico deve migrar de um sistema para outro, cada um devendo perseverar no "grupo" ao qual naturalmente pertença.

As cinco categorias de médicos são descritas como se segue:

1. *Naturales*, a categoria que emprega medicamentos físicos que agem de maneira oposta à doença, o que implica o uso de agentes físicos e químicos, como calor contra frio, etc. (alopatia).

2. *Specifici*, a categoria que emprega determinados remédios que a experiência demonstrou agirem como *specifica* (empirismo, homeopatia).

3. *Caracterales*, os que empregam os poderes da mente, agindo sobre a vontade e a imaginação do paciente (cura mental, mesmerismo, etc.).

4. *Spirituales*, os que dispõem de poderes espirituais e que se valem do poder mágico de sua própria vontade e pensamentos (magia, psicometria, hipnotismo, espiritismo e bruxaria).

5. *Fideles*, aqueles cujos resultados "miraculosos" são obtidos pelo poder da verdadeira fé (Adeptos).

Seja qual for destes cinco "grupos" a que um médico pertença, ele sempre deve ser inteiramente versado e experimentado naquele departamento, possuindo não somente um conhecimento superficial, mas completo de suas técnicas.

> "Em qualquer campo que se deseje adquirir maestria e obter sucesso deve-se, além de contemplar a alma e o organismo adoentados do paciente, esforçar-se por obter um completo conhecimento daquele setor, e saber aprender mais por sua própria intuição e razão do que pelo que o paciente possa informar. Deve-se ser capaz de reconhecer a causa e a origem da moléstia da qual se trata, e esse conhecimento deve ser uniforme e não sujeito a dúvidas." (*Paramirum*, I, Prólogo)

Existem, portanto, em cada uma dessas cinco categorias, três graus que devem ser distinguidos:

1. os médicos que possuem plenamente todas as qualificações para exercer sua arte;
2. os médicos que atingiram somente uma proficiência medíocre;
3. os ignorantes, os fingidores e os fraudadores, categoria à qual pertence a vasta maioria dos médicos licenciados e charlatões, que prosperam às custas da ignorância e da credulidade das pessoas e cujas poções e drogas "matam anualmente mais gente do que a guerra, a fome e as pragas juntas".

Entretanto, nenhuma destas categorias médicas pode reputar seus métodos como sendo os únicos verdadeiros e rejeitar os outros ou considerá-los inúteis, pois, no bojo de cada método, está contido o completo e perfeito poder de curar todas as doenças que se originam de cada uma das cinco causas, e cada um dos métodos será bem-sucedido se tal for a vontade da Lei.

1. NATURALES

A esta categoria pertence a grande maioria daqueles que modernamente são chamados de médicos praticantes, significando aqueles que se guiam pelas velhas estradas da ciência médica oficial, incluindo desde o mais ou menos progressista médico até o boticário. Os remédios por eles empregados pertencem aos três reinos da natureza física e, de acordo com os elementos que representam, podem ser divididos da seguinte maneira:

a) *Terra* – que inclui todas as substâncias minerais, vegetais e animais que podem ser utilizadas com propósitos médicos: drogas, ervas e suas preparações, agentes químicos e outros.

b) *Água* – categoria à qual pertencem as curas em estações de águas, banhos quentes e frios e tudo o mais que possa estar ligado à água.

c) *Ar* – que inclui os resultados terapêuticos que podem ser conseguidos pela inalação de determinados gases e vapores, método atualmente pouco conhecido, exceto quando a mudança de clima é realizada com tais propósitos. O emprego de recursos como ar puro, banhos de sol e outros é por demais simples para ser apreciado, em todo seu valor, por uma geração cujo modo de pensar é complexo demais para permitir que perceba verdades simples, além de serem métodos considerados como pertencentes ao capítulo da higiene, e não ao da terapêutica.

d) *Fogo* – os agentes pertencentes a esta categoria referem-se a qualquer tipo de energia, calor e frio, luz solar e os vários raios coloridos,[43] eletricidade física, magnetismo mineral, etc., os quais receberam muito pouca atenção por parte da medicina moderna, enquanto que os antigos, com frequência, empregavam tais medicamentos para a cura de inúmeras moléstias.[44]

e) *Éter* – elemento cuja existência e efeitos raramente são admitidos pela medicina moderna, e assim mesmo de maneira teórica, sendo totalmente desconhecido na prática. Só recentemente um grande avanço tem sido realizado nesse sentido, pela descoberta dos efeitos terapêuticos do éter solar e pelo emprego de um aparato para o uso de suas radiações.[45]

Mas o campo de atividade para o médico natural não está limitado apenas ao plano físico. Se for capaz de ascender mais um degrau, ele poderá empregar não somente os produtos da vida, mas, a atividade da própria vida, de uma maneira mais elevada.[46] As fontes das quais se obtêm os medicamentos físicos são constituídas dos produtos da Natureza; já as fontes a partir das quais se retiram poderes vivos são organismos vivos. A esta categoria pertence o emprego do "magnetismo animal"; a transferência da vida (a *Mumia* de Paracelso), o transplante de doenças[47] e técnicas similares amplamente descritas por Paracelso, Cornelius Agrippa e outros, simplesmente ignoradas pela medicina oficial.

Mesmo os que empregam unicamente grosseiros princípios materiais também se utilizam, sem se dar conta, dos mais elevados princípios ali contidos, pois toda substância física, seja qual for o reino da Natureza ao qual pertença, é uma expressão não somente de um dos quatro elementos, mas também de todos os quatro, e

---

43. O poder calmante do azul, os efeitos excitantes do vermelho, a ação revigorante do amarelo, etc., merecem muito maior atenção do que recebem no presente. A razão pela qual a "cura pela luz azul" causou somente uma excitação passageira é a de ter sido usada indiscriminadamente sem que suas leis tenham sido compreendidas.
44. Paracelso, p. 141.
45. O professor O. Korschelt, de Leipzig, inventou um instrumento para este propósito.
46. Ver Paracelso, p. 138.
47. Todas as energias se manifestam de uma forma tríplice. Existem "magnetos" universais, animais e espirituais, eletricidade física, eletricidade vital, eletricidade espiritual, etc.

contém todos os princípios elevados. Assim, por exemplo, já foi demonstrado que a ação de determinadas drogas corresponde à cor que exibem no espectro solar;[48] cada estado da matéria também corresponde a determinado estado de tensão elétrica; cada partícula de alimento, por ser nutritiva, demonstra em seu interior a presença do princípio vital; cada droga venenosa que age na mente prova, assim, que o princípio mental em seu interior se encontra em estado de grande atividade. Não existe "matéria morta" no Universo. Todas as coisas são a representação de um estado de consciência da Natureza, mesmo que esses estados difiram um do outro e que estejam além de nossa capacidade de reconhecimento; tudo é uma manifestação da Mente, mesmo que não exiba nenhuma função inteligente, ou independente de nossa capacidade de reconhecê-la como tal.

2. SPECIFICI

A esta classe pertencem todos os médicos que, em determinados casos, empregam remédios que a experiência demonstrou serem úteis em circunstâncias similares. Este sistema pode, portanto, ser chamado de Empirismo, e constitui a maior parte da terapêutica moderna, pois, por menos que hoje em dia sejam conhecidas as ações fisiológicas e terapêuticas dos medicamentos, este conhecimento é inteiramente fruto da observação, e não do conhecimento das leis fundamentais da Natureza, que fazem com que os medicamentos atuem da maneira como atuam.

O calor é um remédio específico para o frio, e a umidade, para a secura; mas, às vezes, mesmo os medicamentos opostos têm o mesmo efeito específico. Assim, por exemplo, a dor causada por uma inflamação, e a própria inflamação, pode ser tanto curada pelo frio quanto por aplicações quentes na parte afetada, pois, em um caso, as paredes dos vasos sanguíneos se contraem, diminuindo a quantidade de sangue que flui por meio deles, enquanto no outro caso, estes vasos se dilatam, tornando o fluxo sanguíneo menos doloroso e mais fácil. A ação específica das substâncias químicas é devida a suas afinidades químicas (suas harmonias). Assim, o efeito revigorante obtido pela inalação de ar fresco é causado pela afinidade que o Oxigênio tem

---

48. Dr. Babbitt's Principles of Light and Colour.

pelo Carbono no sangue, e pela afinidade do princípio vital contido no ar pelo princípio vital do organismo. É assim que o bacilo da tuberculose, eventualmente presente nos pulmões, pode ser destruído pela ação específica de determinados gases, os quais, quando inalados, formam compostos químicos com determinados elementos contidos nesses microorganismos que levam à sua destruição.[49] Tudo no universo existe por uma determinada razão e possui uma ação específica, dependendo das condições. Se conhecemos as leis e condições, a experiência transforma-se em ciência. Mas onde nossa ciência ainda é cega, a experiência pode ser nossa guia.

Semelhante produz semelhante. Os sentidos físicos somente reconhecem os objetos físicos, mas, todas as coisas visíveis são a expressão da alma. O que podemos saber a respeito da *Alma das Coisas*, se sequer conhecemos a nossa própria alma? Não pode haver movimento onde não haja emoção para produzi-la, tanto direta como indiretamente. Todos os movimentos constituem manifestações de energia; energia é a manifestação da Consciência; Consciência é um estado da Mente; Mente é um veículo de manifestação do Espírito; Espírito é o Sopro pelo do qual o mundo foi criado.

Se as cores dos *Tattwas* e sua natureza fossem estudadas, surgiria um novo campo para a medicina. Seria então possível explicar por que razão um maníaco delirante mantido no interior de um cômodo iluminado pela luz azul acaba se aquietando, e por que razão uma pessoa melancólica melhora em um quarto iluminado por vermelho ou amarelo; por que um novilho se tornará excitado pela visão da cor vermelha, e a multidão, enfurecida pela visão de sangue. Nos casos em que permanecem desconhecidas as leis em consequência das quais determinados efeitos ocorrem, somente podemos registrar os fatos. Se reconhecemos uma verdade por meio da experiência, poderemos simplesmente fazer uso dela, deixando para a ciência cética o encargo de reconhecê-la por meio das claudicações de suas muletas da observação exterior e da indiferença.

Mas essas inferências são amiúde feitas a partir de premissas errôneas; efeitos são tomados por causas; drogas administradas onde as origens da doença estão situadas nas condições morais e mentais,

---

49. F. Hartmann, Eine neue Heilmethode, W. Friedrich, Leipzig, 1893.

sobre as quais as drogas não exercem nenhum efeito, etc. A aplicação de medicamentos específicos, portanto, requer não somente o conhecimento de que este ou aquele remédio proporcionou tal ou qual cura, mas também o conhecimento das circunstâncias nas quais eles produzirão tais efeitos uma outra vez. O verdadeiro *Arcanum* é a compreensão das relações existentes entre causa e efeito. Para os pobres médicos que encaram todas as doenças como nada mais que a manifestação de uma causa puramente física ou química, e para aqueles que "mente", "alma" e "espírito" são termos vazios de significado ou somente funções fisiológicas da matéria inconsciente, os *Arcana* de tais curas sempre permanecerão sendo mistérios desconhecidos, pois se revelam somente àqueles que compreendem a organização da natureza secreta do homem. Os fenômenos causados pela vida permanecerão incompreensíveis, enquanto a vida for encarada como produto de formas destituídas de vida; mas, aquele que se tornou capaz de enxergar, em todas as coisas vivas, a manifestação da Vida Una que permeia toda a Natureza, uma função da vontade universal, este já penetrou os recessos da elevada ciência que não pode ser explicada por palavras, se não for conhecida pelo coração.

3. CARACTERALES

O médico desta categoria é aquele que simplesmente com sua presença inspira ao paciente confiança na sua recuperação. Consciente ou inconscientemente, tal médico influencia os dois grandes poderes curativos da constituição do paciente, quais sejam, sua vontade e imaginação. O médico que ao inspirar confiança é capaz de restaurar a tranquilidade da alma, cria a condição necessária para a cura do distúrbio dos elementos que produzem discórdia.

Todos os processos que se dão no corpo físico se originam da ação consciente ou inconsciente da vontade e da imaginação, às quais deve ser acrescentado o poder da memória, pois a existência de impressões prévias, tanto conscientes quanto inconscientes, produz certos estados na imaginação que novamente determinam a direção da vontade. O médico mediano com frequência emprega estes poderes de maneira inadvertida, mas um médico da categoria mais elevada pode empregá-los deliberadamente. Uma súbita e intensa emoção pode curar instantaneamente uma paralisia antiga, pois um perigo súbito desperta a vontade inconsciente. Talvez na maioria dos casos não seja o medicamento que o paciente toma, mas sim aquilo que imagina que o curará, que efetuará a cura; e sem esse poder da imaginação, pouquíssimos medicamentos produziriam resultados benéficos.

A esta categoria pertencem os assim chamados hipnotismo e sugestão, duas coisas muito antigas agora descritas com nomes novos. Paracelso afirma a respeito desta ação da vontade espiritual:

> "É como se alguém ordenasse a outra pessoa para correr e ela corresse. Isso se dá pela palavra e por seu poder, palavra aqui representando o caráter." (*Paramirum*, Prólogo, III)

O assim chamado hipnotismo representa a submissão de uma vontade fraca por uma mais poderosa. A vontade superior do médico submete a vontade do paciente e obriga-a a agir em determinada direção. Trata-se de uma arte que é praticada contínua e constantemente por metade do gênero humano sobre a outra metade, desde o poder de vontade de um general comandando seu exército até a influência inconsciente inadvertidamente exercida por uma mente sobre outra, sem que o indivíduo se dê conta de sua origem. Pensamentos maléficos que se originam em uma pessoa criam impulsos correspondentes em outras; e se a ação da vontade e as influências inconscientes que ela causa entre mentes solidárias entre si fossem verdadeiramente conhecidas, a responsabilidade e o livre-arbítrio humanos talvez fossem encarados de uma maneira diferente.

Semelhante a isso é o que tem sido chamado de sugestão, chamada por Paracelso de "a virtude da imaginação". A sugestão é a imaginação de uma mente subjugando a mente de outrem e nela criando uma imaginação correspondente, perfeitamente real para o paciente, pois na verdade se transforma em sua própria criação, embora produzida inconscientemente.

> "O homem visível possui seu laboratório (o corpo físico), e o homem invisível encontra-se trabalhando em seu interior. O sol tem seus raios, que não podem ser agarrados com as mãos, mas que, entretanto, são poderosos o suficiente para colocar fogo em uma casa (se concentrados por uma lente). A imaginação

do homem é como um sol e age por meio de seu mundo onde quer que possa brilhar. O homem é aquilo que pensa. Se pensa em fogo, ele se transforma todo em fogo; se pensa em guerra, ele guerreia; pelo exclusivo poder de um pensamento, ele se transforma em sol." (*De Virtute Imaginativa*, V)

A imaginação adquire poder pela vontade, e a vontade torna-se poderosa pela imaginação. Cada uma delas é a vida da outra; e se elas se tornarem uma só e idênticas, constituirão um espírito vivo ao qual nada que seja inferior oferecerá resistência. Para o ignorante e cético, para aqueles que ignoram tudo a respeito de sua mente e que duvidam do sucesso, e consequentemente na maioria dos experimentos levados a efeito somente com o propósito de gratificar a curiosidade ou algum outro propósito científico, a vontade e a imaginação não formam uma unidade, mas agem em direções opostas. Se voltarmos um dos olhos para o céu e o outro para a terra, ou um para a restauração da saúde do paciente e outro para os benefícios ou renome que possamos obter com sua cura, não haverá unidade de motivos ou propósito, faltando, consequentemente, a principal condição de sucesso. Portanto, um médico que deseje empregar tais métodos deve possuir uma nobreza de caráter que esteja acima de quaisquer considerações egoístas, e unicamente procurar cumprir suas obrigações atendendo aos impulsos do amor divino.

Somente o que se origina no coração atinge o coração; o poder que se origina exclusivamente no cérebro não possui efeitos mágicos até que se torne uno com o poder originado no coração. É o mesmo que se passa com a fria e inativa luz da Lua, que se torna uma energia poderosa quando se une à luz solar que irradia do centro do coração.

"Assim a imaginação se transforma em espírito, e seu veículo é o corpo, e nesse corpo são geradas as sementes que dão bons e maus frutos." (*De Virtute Imaginativa*, III)

4. SPIRITUALES

Os médicos desta categoria lidam com energias que, embora não totalmente reconhecidas, são pelo menos admitidas pela ciência moderna. Mas agora se trata da ação do poder espiritual que, por representar um dom consciente somente de algumas poucas pessoas, é praticamente desconhecido. Trata-se do poder que o espírito autoconsciente exerce sobre as forças não inteligentes da Natureza, e que é classificado sob a denominação genérica de Magia, um termo cujo verdadeiro significado é compreendido somente por poucos.

Magia – de *mag*, sacerdote – representa o grande poder da sabedoria, um atributo do espírito que se tornou autoconsciente, divino ou diabólico de acordo com o propósito como é aplicado. Trata-se, portanto, de um poder que não pertence ao homem terrestre intelectual, mas sim ao homem espiritual, e sempre poderá ser exercido por este último, mesmo que o homem terrestre não esteja consciente da origem de tal poder que atua a partir de si. É por essa razão que, com frequência, constatamos que determinados medicamentos se revelam muito eficazes quando usados por determinado médico, e inteiramente inúteis quando prescritos por outro médico igualmente preparado e intelectualizado. Paracelso diz:

> "Tais médicos são chamados *spirituales*, pois comandam os espíritos das ervas e raízes e obrigam-nos a libertar o doente que aprisionaram. Assim, se um juiz lança um prisioneiro ao cepo, o juiz é um médico, pois, possuindo as chaves, pode abrir o cadeado quando bem entender. A esta classe de médicos pertenceram Hipócrates e outros." (*Paramirum*, Prólogo, III)

Uma afirmativa como esta parece pouco crível somente quando nada se sabe a respeito da constituição da matéria. Mas se recorrermos ao auxílio da ciência oculta e percebermos que todas as coisas no mundo constituem diferentes estados de uma consciência universal, e que o fundamento de toda existência é o espírito, torna-se não apenas compreensível, mas também evidente, que o espírito autoconsciente de uma pessoa possa mover e controlar os produtos da imaginação da Natureza por meio de sua influência pessoal sobre eles; e podemos verdadeiramente afirmar que em tais casos é o espírito do médico que atua pelo espírito dos medicamentos por ele prescritos, encontrando-se aqui o segredo das maravilhosas curas de lepra e de outras moléstias efetuadas por Paracelso, todas historicamente provadas, mas que são impossíveis de explicar se examinadas exclusivamente do ponto de vista da ciência material.

Uma investigação sobre este assunto nos conduziria para o campo da magia branca e da negra, da bruxaria e da feitiçaria, que já foram estudadas anteriormente,[50] e cuja discussão adicional seria prematura e inteiramente impossível no espaço limitado deste trabalho.

5. FIDELES

A palavra fidelidade – de *fido*, acreditar – significa fé, confiança e convicção, tais como as que resultam da experiência pessoal; e a categoria de médicos dessa classificação inclui aqueles que, permanecendo fiéis à sua natureza divina, dispõem de poderes divinos, como os que foram atribuídos a Cristo, aos apóstolos e aos santos.

"Eles restauram a saúde pelo poder da fé, pois quem acredita na verdade cura com seus próprios poderes." (*Paramirum*, I, Prólogo, 3)

Mas a assim chamada fé é, em muitos casos, ilusória, e consiste somente em crenças aceitas ou fingidas na exatidão de determinadas opiniões ou teorias. A verdadeira fé do homem espiritual é um poder vivo, espiritual e divino, que resulta da certeza da percepção espiritual da lei eterna de causa e efeito. Assim como estamos absolutamente convencidos de que o dia segue a noite e a noite segue o dia, assim também o médico Adepto, conhecendo as causas espirituais, morais e físicas das doenças, e apreciando o fluxo de sua evolução e progresso, conhece o efeito criado por estas causas e controla os meios para sua cura. Ninguém é capaz de destruir os efeitos causados pela lei da justiça divina que, se é impedida de manifestar-se de uma determinada maneira, se manifestará necessariamente de outra, pois tal é a ação da lei divina na Natureza. Mas as pessoas que vivem na verdade, e por meio das quais a verdade se manifesta, são erguidas acima da natureza comum, pois penetraram precisamente o estado em que a Natureza se originou. É este poder edificante e salvador que constitui a verdadeira fé que pode curar todas as doenças.

---

50. Magic, white and black, London, 1893.

"Não existem nem boa nem má sorte, mas somente efeitos devidos a uma causa. Cada pessoa recebe sua recompensa de acordo com o caminho que escolhe e trilha. Deus fez todos os homens de uma mesma substância e concedeu a todos o mesmo poder para viver e, portanto, todos os seres humanos são iguais em Deus. O sol e a chuva, o inverno e o verão são os mesmos para todos, embora nem todos vejam o sol com os mesmos olhos. Deus ama a todo o gênero humano da mesma maneira, mas nem todos os homens amam a Deus com o mesmo amor. Cada uma das crianças de Deus tem a mesma herança, mas umas a dissipam, enquanto outras a preservam. Aquilo que Deus fez igual se torna desigual pela ação do homem. Cada homem que toma sua cruz para si encontra nela sua recompensa. Cada desventura é uma benção, pois a bondade divina concede a cada um aquilo que mais necessita para seu futuro desenvolvimento. O sofrimento começa somente quando intervém o descontentamento, resultado do não reconhecimento da lei eterna. Quanto maior o obstáculo a ser combatido, maior será a vitória." (*Philosofia*, V)

A arte da medicina não foi instituída com o propósito de revogar as leis de Deus, mas sim com o de auxiliar na restauração da harmonia cujo distúrbio causou a doença, e esta restauração se dá pela obediência à lei. O "perdão do pecado da doença" é tão possível quanto o perdão dos pecados morais. A cura dá-se pela harmonização com as leis da Natureza que, antes de tudo, são leis de Deus manifestadas no reino natural. Nem a saúde é restaurada, nem o indivíduo perdoado com o propósito de que o homem, tornado menos receoso da punição, torne a pecar. O que se passa é que, após os efeitos das discórdias terem cessado, o homem obtém novamente o poder de pecar, de maneira a dispor de uma nova oportunidade de superar a tentação, obtendo desta maneira a maestria sobre si mesmo durante sua vida na Terra. Aquele que obtém o autodomínio se torna sua própria lei e não mais está sujeito a nenhuma desarmonia, e é a isto que Paracelso se refere em seu moto favorito:

Non sit alterius qui suus esse potest

que pode ser traduzido como "Aquele que se tornou mestre de si mesmo pertence a ninguém mais senão a si mesmo",[51] pois o *Self* que conquistou o *self* é Deus, a Vontade da Sabedoria Divina, Senhor sobre Tudo.

---

51. Outra tradução possível é "Aquele que pode ser ele mesmo, não deveria ser outro." (N. T.)

Capítulo 5

A MEDICINA DO FUTURO

Não resta nenhuma dúvida de que o médico típico ocupa, em nossa época, uma posição muito mais elevada do que a ocupada pelo médico típico dos últimos séculos, quando a sabedoria dos antigos havia se tornado uma verdade esquecida e a ciência moderna ainda vivia sua infância. Entretanto, existiram na Idade Média médicos com acurado discernimento e possuidores de um profundo conhecimento dos mistérios da Natureza, qualidades que o profissional moderno somente poderá adquirir pelo lento aperfeiçoamento ao longo dos próximos séculos, embora a medicina oficial daqueles tempos fosse uma mistura de ignorância com charlatanismo, e seus remanescentes ainda possam ser encontrados em nossos dias. A respeito desta categoria de médicos Paracelso diz:

> "Existem muitos dentre eles que não têm outro objetivo senão satisfazer seu desejo de riqueza, a ponto de se ter vergonha de pertencer a uma profissão que dê origem a tantas fraudes. Eles especulam com a ignorância do povo, e quem for melhor sucedido em acumular a maior quantia de dinheiro roubado do povo é tido como o melhor de todos. Amor mútuo e caridade são conceitos inteiramente fora de moda, e a prática da medicina é degradada aos padrões do comércio comum, cujo único objetivo é obter o máximo possível de dinheiro; e os que falam pelos cotovelos e que gritam mais alto são mais bem-sucedidos em enganar as pessoas, pois na medida em que o mundo está repleto de tolos, o mais tolo de todos será necessariamente o líder, se conseguir se tornar notável." (*Defensio*, V)

A ciência médica não deve censurar um tal estado de coisas, pois decorre dos atributos da natureza animal humana. Deixaremos por conta do observador inteligente a tarefa de julgar o quanto esta natureza se modificou desde a época de Paracelso, e em que medida ainda existe um vasto exército de charlatões, legalizados ou não, pessoas que escreveram o moto *Mundus vult decipi, ergo decipiatur* em sua bandeira. Sem dúvida, a ciência oficial progrediu muito neste século, embora descobertas exclusivamente intelectuais não tornem necessariamente o homem mais sábio. Os maiores patifes sempre foram homens de grande intelectualidade, embora privados de espiritualidade. A sabedoria consiste no reconhecimento pessoal da verdade, e há muitas pessoas que estão "sempre aprendendo, embora jamais consigam atingir o conhecimento da verdade"[52].

Sucede que o conhecimento espiritual não está relacionado com as faculdades da natureza intelectual inferior do homem, mas somente com sua natureza superior. Além disso, é de suprema importância que o desenvolvimento desta natureza superior receba mais atenção do que vem recebendo no presente. O mero aperfeiçoamento da moral e da ética é totalmente insuficiente para este propósito. A moralidade é resultado do raciocínio, mas a espiritualidade é o poder superior que decorre da manifestação da autoconsciência em um plano mais elevado de existência, e da iluminação da mente e do corpo humanos pelo poder e luz do espírito que ocupa a alma. Somente quando a espiritualidade se torna substancial no indivíduo é que seu conhecimento também se torna substancial.

Esta substancialidade espiritual ou, em outras palavras, a realização do mais elevado ideal, representa o objetivo da gradual evolução do gênero humano que, como diziam os antigos alquimistas, "pode requerer para seu cumprimento milhares de eras, mas também pode ser atingido em um único momento". Não se trata de um resultado do labor humano, mas sim da descida da luz da verdade divina, a Graça de Deus que será concedida a qualquer um, desde que esteja preparado para recebê-la. Não se trata de algo que dependa da vontade ou esforço de alguém,[53] mas da ação do espírito no verdadeiro e divino *Self*, que está sempre se esforçando para se manifestar no homem.

---

52. II Timóteo 3:7.
53. Romanos 9:16.

Este desenvolvimento interior não decorre do desenvolvimento de nenhuma teoria nova a respeito da natureza da constituição humana, mas dá-se por meio da conquista dos elementos inferiores da natureza humana, pela qual sua natureza mais elevada pode se tornar manifesta. Mas para ser capaz de empregar esses poderes de maneira inteligente, no sentido de conquistar sua natureza inferior, o homem deveria aprender a conhecer teoricamente sua própria constituição e a natureza dos poderes mais elevados em seu interior.

São estes os elementos da ciência superior que o médico do futuro deverá aprender, inicialmente de maneira teórica, e depois na sua aplicação prática. Sem o reconhecimento espiritual dos princípios fundamentais da Natureza, a busca superficial dos mistérios do ser é como uma caminhada sem rumo em meio à neblina. É como a busca da periferia de uma esfera, cuja extensão é desconhecida e cujo centro não se conhece a localização, enquanto que uma vez conhecida a situação do centro irradiante, sua luz sempre servirá como uma estrela-guia em nossas caminhadas através da neblina que envolve o mundo fenomenal.

A ciência origina-se do homem; a sabedoria pertence a Deus. Ciências existem várias, mas a sabedoria é somente uma. As ciências devem ser cultivadas, mas a sabedoria não pode ser negligenciada, pois sem sabedoria nenhuma ciência verdadeira pode existir.

> "Nada (de real) nos pertence; não pertencemos a nós mesmos, mas a Deus. Portanto, devemos tentar encontrar em nós aquilo que é de Deus. É d'Ele, e não nosso. Ele fez um corpo para nós e, além desse corpo, concedeu-nos vida e sabedoria, e destas vêm todas as coisas. Devemos aprender a conhecer o objetivo de nossa existência e a razão pela qual o homem possui uma alma, e também o que Deus deseja que esta alma cumpra. O estudo do homem (terrestre) jamais revelará o segredo e objetivo de sua existência terrestre e a razão pela qual nos encontramos neste mundo; mas se viermos a conhecer o Criador, também conheceremos as qualidades da criatura. Pois aquele que conhece o pai também conhece o filho, porque o filho herda a (natureza) do pai. Todos os homens possuem a mesma porção de verdade que lhes foi dada por Deus, mas nem todos reconhecem aquilo que receberam. Quem dorme nada sabe; quem vive uma vida

inútil não conhece o poder que jaz em seu interior e desperdiça seu tempo. O homem é tão grandioso e nobre que carrega em si a imagem de Deus, e é um herdeiro do reino de Deus. Deus é a suprema verdade; e o demônio, a suprema falsidade. A falsidade não pode conhecer a verdade. Portanto, se o homem deseja apoderar-se da verdade, ele deve conhecer a sabedoria que recebeu de Deus. A inteligência pertence à natureza animal e, em relação a várias descobertas científicas, os animais são superiores ao homem; entretanto, a compreensão equivale a um despertar que não pode ser ensinado pelo homem. Algo que uma pessoa aprenda com outra nada representa enquanto não constituir um despertar. Um professor não pode conceder conhecimento a seu aluno; ele somente pode auxiliar no despertar do conhecimento que seu aluno já possui." (*De Fundamento Sapientiæ*, I)

A sabedoria é o reconhecimento de Deus. Deus é a verdade, e o conhecimento de nosso *self* verdadeiro é sabedoria divina. Quem conhece seu verdadeiro *self* conhece os poderes divinos que pertencem a seu Deus.

"Deus é sabedoria. Ele não é um sábio ou artista, mas Ele próprio (absoluto), embora toda a sabedoria e arte advenham d'Ele. Se conhecêssemos Deus, também conheceríamos Sua sabedoria e arte. Em Deus tudo é uno e não existe divisão. Ele representa a unidade, o Uno presente em tudo. Uma ciência que trabalhe somente com uma parte do todo, e que perca a perspectiva do todo ao qual pertence, é uma ciência abortiva e não pode estar de posse da verdade. Aquele que vê em Deus nada mais do que verdade e justiça, vê de maneira correta. Toda a sabedoria pertence a Deus, e o que não vem de Deus é bastardo. Assim, os reinos deste mundo desmoronam em pedaços, sistemas científicos são modificados, as leis feitas pelos homens perecem, mas o reconhecimento da verdade eterna se mantém. Aquele que não é um filho bastardo da sabedoria, mas um verdadeiro filho de seu pai, possui a sabedoria. A sabedoria está em vivermos uns em relação aos outros da mesma maneira que os anjos vivem; e se vivermos como anjos, eles se tornarão nossa própria pessoa, pois nada nos diferencia deles, com exceção da forma física; e como toda sabedoria e arte pertencem aos anjos, elas então nos pertencerão. Os anjos são as energias pelas quais os desejos de Deus são executados. Se a vontade de Deus é realizada por meio de nós, tornamo-nos anjos nós próprios. A vontade de Deus não pode ser cumprida por nosso intermédio até que nós próprios estejamos à procura da vontade de Deus. Um tolo, ignorante ou avarento não está à procura da vontade de Deus; como então esta vontade poderá se expressar por intermédio dele? De nada serve acreditar que Salomão foi um sábio, se não formos sábios nós mesmos. Não nascemos com o propósito de viver em ignorância, mas para que sejamos como o Pai, e que o Pai possa reconhecer-se em seus filhos. Devemos tornar-nos senhores da Natureza, e não a Natureza nossa senhora. Mas isso se refere ao homem angélico (*Buddhi*), no qual devemos viver, e o qual devemos ver que todas as coisas que fazemos e vivemos permanecem incompletas, e que toda nossa sabedoria e arte vêm de Deus." *(De Fundamento Sapientiæ*, II)

Tudo isso, entretanto, será incompreensível e condenado como disparate por aqueles que Paracelso chama de "tolos científicos", já que a sabedoria a respeito da qual fala não é o intelecto do homem terrestre, mas, a compreensão da mente celeste. Trata-se daquele raro poder do autoconhecimento espiritual que não pode ser ensinado em palavras, mas que é o resultado do desenvolvimento interior das faculdades da alma. O verdadeiro médico não é formado nas escolas, mas torna-se verdadeiro médico pela iluminação da sabedoria divina.

"O homem possui duas compreensões: a angélica e o poder de raciocínio animal. A compreensão angélica é eterna, pertence a Deus e permanece em Deus. O intelecto animal também se origina de Deus e de nosso interior, mas ele não é eterno, pois o corpo animal morre e sua razão morre com ele. Nenhuma faculdade animal permanece após a morte, mas a morte é somente a extinção do que é animal e não do que é eterno."
(*De Fundamento Sapientiæ*, II)

A palavra sabedoria (wisdom) vem de *vid*, ver, e *dom*, um julgamento. Portanto, o conceito refere-se àquilo que é visto e compreendido, e não a opiniões ou de teorias derivadas de inferências, ou baseadas nas afirmações de terceiros. Não se trata do produto de observações e de especulação, de memória ou de cálculos, mas o resultado do crescimento interior, e crescimento advém de nutrição. Assim como o aprendizado intelectual amplia o intelecto, também a sabedoria divina no homem cresce por absorver a nutrição que recebe da luz da Divina Sabedoria.

"Todas as coisas têm a natureza daquilo de que nasceram. O animal no homem é nutrido por alimento animal; o anjo no homem, pelo alimento dos anjos. O espírito animal está relacionado à mente animal, e na mente animal do homem estão contidas todas as potencialidades que são possuídas separadamente pelas diferentes classes de animais. O homem pode desenvolver o caráter de um cachorro, um macaco, uma serpente ou outro animal, pois ele, em sua natureza animal, nada mais é que um animal, e os animais são seus professores e superam-no em vários aspectos. Os pássaros ao cantar, o peixe ao nadar, todos ultrapassam o homem. Aquele que conhece várias artes animais é, em suma, nada mais que um animal ou uma coleção de diferentes animais; suas virtudes, não menos que seus vícios, pertencem à sua natureza animal. Mesmo que possua a fidelidade de um cão, o afeto matrimonial de uma pomba, a doçura de uma ovelha, a inteligência de uma raposa, a brutalidade de um boi, a voracidade de um urso, a maldade de um lobo, etc., ainda assim tais características pertencem à sua natureza animal. Entretanto, existe no homem uma natureza mais elevada, de caráter angélico, que os animais não possuem, e esse estado angélico requer o alimento que vem do alto e que corresponde à sua natureza. A partir do espírito animal oculto na natureza, cresce o intelecto animal; a partir da ação misteriosa do espírito angélico, cresce o homem supraterrestre, pois o ser humano tem um pai que é eterno, e por Ele o homem deve viver. Este Pai o colocou em um corpo animal no qual não está condenado a viver e permanecer, mas que deve ser ultrapassado através da vida." (*De Fundamento Sapientiæ*, III)

A mente animal, repleta de presunção e de orgulho de posses transitórias, é inteiramente incapaz de conceber a natureza da mente angélica, ou de formar uma ideia da extensão de seus poderes. Também é incapaz de apreender o verdadeiro significado da linguagem que expressa os conceitos relativos àquela natureza mais elevada, acreditando tratar-se somente de ilusões e de sonhos.

"**A vaidade dos eruditos não vem do céu, mas eles aprendem-na uns com os outros, construindo assim sua própria igreja.**" (*De Fundamento Sapientiæ*, **fragmento**)

"Fé sem trabalho é algo morto", e como estamos tratando de assuntos espirituais, o trabalho requerido pela verdadeira fé é de natureza espiritual, significando ação espiritual, crescimento e desenvolvimento. Uma fé sem aplicação prática é somente um sonho; uma ciência desprovida de conhecimento verdadeiro é uma ilusão; um desejo meramente sentimental, sem que se realize nenhum esforço sincero para a descoberta da verdade, é inútil. Uma pessoa que vive em meio a sonhos e fantasias sobre ideias que jamais tenta realizar, na verdade sonha com tesouros que jamais possuirá. Ela é como uma pessoa que gasta sua vida estudando o mapa de um país pelo qual deseja viajar, sem jamais realizar a viagem. Um mero ideal religioso que nunca é realizado, e que jamais alimenta verdadeiramente a alma, é somente imaginário e serve apenas para passar o tempo; uma ciência que não é empregada de maneira prática permanece sendo uma teoria estéril, servindo, na melhor das hipóteses, somente como gratificação à curiosidade animal.

O trabalho requerido pela Fé é um contínuo autossacrifício, o que representa um contínuo esforço para ultrapassar a natureza animal e egoísta, e essa vitória da luz sobre o inferior não é cumprida por aquilo que é inferior, mas somente pode se dar por meio do poder do divino Amor, o que significa o reconhecimento da natureza mais elevada do homem e sua aplicação prática na vida diária. É a essa categoria de amor que se refere o grande místico do século XVII, John Scheffler, quando afirma:

"**Fé sem amor sempre faz o maior estrondo e barulho,
Pois o barril soa mais alto quando está vazio.**"

Sem essa aplicação prática, todas as virtudes são somente sonhos que não podem transformar-se em poderes reais, nem serem empregadas como tais. Shakespeare diz:

"**Seguir suas próprias instruções é uma bênção divina.**" (*Mercador de Veneza*)

Entretanto, tais características são em nossa época bastante raras, pois hoje em dia o mundo vive exclusivamente de sonhos. Existem teólogos que nada sabem a respeito da divindade; médicos que tudo ignoram da medicina; antropólogos ignorantes a respeito da natureza do homem; advogados jejunos a respeito da justiça; humanitários que lançam seus empregados na miséria; cristãos dos quais Cristo é desconhecido. Em todos os campos da vida, o que é exterior é erroneamente tomado como interior e a ilusão, como realidade, enquanto a realidade permanece irrealizada e, portanto, desconhecida.

Uma ciência superficial pode somente se dedicar às causas e efeitos superficiais, por mais profundamente que possa conhecer os detalhes de tais superficialidades. Os poderes misteriosos da natureza, as energias inteligentes do homem são todas no presente quase que totalmente ignoradas, e não existe outra maneira de penetrar os profundos segredos da Natureza senão pelo desenvolvimento da natureza mais elevada do homem.

Antigamente o médico era considerado uma pessoa sagrada e pertencente à casta sacerdotal, não a um sacerdócio nomeado somente pelos homens, mas a um poderoso e verdadeiro sacerdócio ungido por Deus. O médico do futuro será novamente um rei e sacerdote, pois somente ele, que é não só formalmente, mas verdadeiramente divino, pode possuir poderes divinos. Para ele, a pirâmide triangular constituída pela ciência, pela religião e pela arte culminará em um ponto, chamado conhecimento pessoal da Sabedoria Divina, condição em que o próprio homem se torna identificado com a luz e inteligência superiores – seu verdadeiro *Self* – de cuja irradiação sua personalidade é um veículo, imagem e símbolo.

Existe ainda um longo e difícil caminho a ser percorrido antes que o gênero humano atinja esse ápice de perfeição, e o objetivo está tão distante que somente uns poucos são capazes de vislumbrá-lo, enquanto para muitos ele permanece sendo um ideal aparentemente irrealizável, inconcebível como um pico de montanha perdido entre as nuvens. Mas o ideal existe, e as nuvens que impedem sua visão são constituídas de nossos próprios erros e equívocos. Cabe a nós removê-los do caminho.

Por meio do poder de percepção da verdade, que já fomos capazes de receber e que se tornou nosso patrimônio, devemos superar, pela nossa busca, as trevas e abrir nossa mente para a influência da luz. Mas a própria luz, esta jamais poderemos criar ou fabricar. Ela não é o produto de nossas lucubrações, influências ou teorias. A verdade existe por si própria, e é eterna; ela pode ser percebida, mas, não criada.

A razão pela qual tão poucas pessoas percebem o significado da expressão "autoconhecimento" é a de que o conhecimento obtido em nossas escolas é exclusivamente de natureza artificial. Lemos aquilo que outras pessoas acreditaram e conheceram e imaginamos que também nós acreditamos e conhecemos. Preenchemos nossas mentes com pensamentos alheios, restando-nos pouco tempo para pensarmos por nós mesmos. Procuramos obter a convicção da existência desta ou daquela coisa por meio de argumentos e de inferências, enquanto nos recusamos a abrir nossos olhos e a enxergar em nós mesmos a única coisa cuja existência questionamos. Assim, de um ponto de vista teosófico, para um ser superior devemos parecer uma nação de gente com os olhos fechados discutindo a respeito da existência do sol, incapaz, ou melhor, recusando-nos a vê-lo por nós próprios.

Existe somente um caminho para atingir o verdadeiro autoconhecimento, e este caminho é a Experiência. Pela experiência exterior, obtemos conhecimento das circunstâncias exteriores; experimentando poderes interiores, obtemos seu conhecimento interior. *Conhecer* algo, na verdade, significa *ser, tornar-se* algo. Tornando-nos materiais, aprendemos as leis que regem a matéria. Tornando-nos espirituais, aprendemos as leis que regem o espírito. Nossa vontade encontra-se livre para guiar-nos tanto em uma quanto em outra direção. Não podemos conhecer a verdade de nenhuma outra maneira senão nos tornando esta verdade, assim como não podemos conhecer a sabedoria senão nos tornando sábios. Somente conheceremos os poderes exteriores ou interiores, sejam eles calor ou luz, amor ou justiça, pelos efeitos que experimentarmos de sua ação sobre nós, ou em nosso próprio interior.

Nas atuais condições, a vida do homem assemelha-se a um sonho, e os sonhos da humanidade tomada como um todo, não menos do que para os indivíduos, repetem-se indefinidamente. Vêm e vão, e vêm novamente, talvez surgindo com características diferentes, como nuvens movendo-se no céu e assumindo formas cambiantes, mas sempre representando as velhas e sempre repetitivas ilusões. Enquanto isso, acima de nós, inadvertida e desconhecida, brilha a luz da eterna e imutável verdade, cuja presença pode ser pressentida como se fossem cálidos raios de sol penetrando as nuvens, mas que, para ser reconhecida, precisa ser vista. O templo da Natureza encontra-se aberto para qualquer um que seja capaz de entrar; sua luz é gratuita para quem quer que seja capaz de ver; tudo é uma manifestação da verdade, embora requeira a presença da verdade em nós próprios para capacitar-nos a percebê-la. O que nos impede de penetrar o templo da Natureza e de ver a luz e perceber a verdade são as sombras que nós próprios criamos. O verdadeiro objetivo das luzes acesas pela ciência não é o de revelar a verdade – algo que não requer uma luz artificial para ser visto, e algo cuja luz própria é mais do que suficiente para este propósito –, mas sim destruir as brumas que nos impedem de ver a verdade. Não passa pela cabeça de ninguém examinar o sol pela luz de uma vela, embora a luz da vela possa guiar-nos através das escuras passagens do labirinto da matéria até a porta que se abre na superfície, onde, após a luz do sol ter sido vista, não mais é necessário um auxílio artificial. Mas assim como para procurar nosso próprio caminho através de um túnel o melhor guia é a luz que brilha no fim do túnel, assim também a percepção da verdade do coração é a única estrela-guia confiável no labirinto das sempre mutáveis ilusões.

Qualquer luz científica que não for o reflexo desta luz da verdade eterna, por mais radiante que possa ser, não passa de um fogo-fátuo que engana o caminhante. Todas as teorias e hipóteses científicas que não estejam baseadas no reconhecimento da constituição interior do homem, e que neguem a sua origem supraterrestre, estão fundamentadas em uma concepção errônea da verdade. Tais opiniões estão continuamente sujeitas a mudanças, e nenhuma nova teoria deste gênero existe atualmente sem que já tenha existido de maneira parecida no passado. Mas a própria verdade é totalmente independente destas opiniões; sempre existiu e sempre houve quem fosse capaz de reconhecê-la, além de outros que, não desejando ou não sendo capazes de vê-la, basearam seu conhecimento em concepções errôneas e em crenças supersticiosas fundadas somente nas afirmações de outrem.

A ciência médica moderna, com toda a sua parafernália, somente foi bem-sucedida em obter um conhecimento mais detalhado de alguns fenômenos de menor importância do reino material, enquanto que um grande número de conceitos muito mais importantes, conhecidos pelos antigos, ficaram completamente esquecidos. A respeito do poder da alma sobre o organismo, por exemplo, extraordinário como é, quase nada se sabe, pois as almas daqueles que vivem inteiramente no reino das especulações geradas pelo cérebro encontram-se adormecidas e inconscientes. Uma alma inconsciente não é capaz de exercer mais poder do que um corpo inconsciente; seus movimentos podem, na melhor das hipóteses, ser instintivos, pois que privados da luz da inteligência. Para o progresso da ciência verdadeira, importa muito mais que a alma humana possa despertar para o reconhecimento de sua própria natureza elevada, do que os tesouros de uma ciência que lida apenas com ilusões sejam enriquecidos por quaisquer novas teorias que não incluam o reconhecimento dos fundamentos da verdade. Tudo o que uma teoria sadia ou um livro confiável pode fazer é desalojar uma falsa teoria que impede os homens de ver corretamente. Mas a verdade propriamente dita não pode ser revelada ou descrita por nenhuma pessoa ou teoria; ela somente pode ser vista com os olhos da verdadeira compreensão, quando esta se revela em sua própria luz.

Já se disse que não pertence à busca científica penetrar o reino numênico,[54] que se encontra subjacente a todos os fenômenos e que causam a sua manifestação; mas sem o reconhecimento do numênico, do qual brotam todos os fenômenos, uma verdadeira ciência (de *cio*, conhecer) será tão impossível quanto um sistema matemático que ignore a existência do número 1, do qual todos os outros números decorrem e sem o qual nenhum outro existe. A alma em nós é fundamentalmente idêntica ao "Um" do qual todos os fenômenos se originam. A alma que *é* pode conhecer aquilo que é, enquanto que aquilo que em nosso interior somente *aparenta ser* pertence e está relacionado ao reino das aparências.

Adquirir essa elevada ciência, portanto, requer menos o exercício das faculdades especulativas do cérebro do que o despertar

---

54. Numênico (filos.): objeto inteligível, em oposição a fenomênico, objeto que se conhece por meio dos sentidos. (N. T.)

da alma; este conhecimento é desenvolvido menos pela evolução de conhecimentos racionais de variadas naturezas do que pelo desenvolvimento do homem interior, que é quem realiza o ato de pensar e suscita a evolução dos pensamentos; pois se aquilo que no homem é capaz de conhecer não conhece seu próprio *self*, todos os pensamentos e ideias que habitam o campo da mente humana jamais terão proprietário legítimo, mas existirão somente como reflexo do pensamento de outros homens, reunidos em torno de uma ilusão chamada *self* pessoal.

Quanto mais a mente analisa um fato e penetra seus mínimos detalhes, mais facilmente perde a visão de conjunto sobre tal fato. Quanto mais a atenção do homem é dividida em várias partes, mais ele se afastará de sua própria unidade e se confundirá. Somente um espírito grandioso e forte pode permanecer residindo no interior de sua própria autoconsciência, como o sol, que brilha sobre muitas coisas, sem ser por elas absorvido, e fita os menores detalhes dos fenômenos, sem perder o sentido verdadeiro que inclui a totalidade. As mais simples verdades são usualmente as mais difíceis de serem apreendidas pelo erudito, pois a percepção de uma verdade simples requer uma mente simples. No caleidoscópio dos sempre mutáveis fenômenos, a verdade subjacente não pode ser vista à superfície. À medida que o intelecto se torna mais e mais imerso na matéria, o olho do espírito se fecha; verdades que antigamente se explicavam por si próprias agora são esquecidas, e mesmo o significado de termos que expressam energias espirituais se perderam à proporção em que os homens deixaram de exercer esses poderes.

A tendência contemporânea ao egoísmo, que procura nivelar as verdades espirituais para o mesmo patamar rasteiro do míope racionalismo científico, em vez de elevar este às alturas daquelas, fica patente na imensa quantidade de inteligência empregada para proteger interesses pessoais; a fé, que constitui o poder redentor do conhecimento espiritual, é tida por superstição; benevolência, por loucura; amor representa somente desejos pessoais; esperança é somente avareza; vida representa o resultado de simples processos mecânicos; alma, um termo sem significado; espírito, uma não entidade, matéria, algo a respeito do qual nada se sabe, e assim por diante.

Tudo o que se escreveu até aqui de nada valerá se não formos capazes de tornar claro que um verdadeiro progresso no conhecimento da natureza humana somente é possível com o maior desenvolvimento da natureza interior do próprio médico. Ninguém pode alcançar o verdadeiro conhecimento do estado mais elevado do homem, enquanto não atingir por si mesmo esse estado, por meio de motivações honestas e de nobreza de caráter. Somente reconhecendo o organismo como um veículo para o desenvolvimento e da manifestação de uma inteligência superior, estará o médico capacitado a compreender o significado das palavras de Carlyle, que afirma que o homem, em sua mais profunda natureza, é um ser divino, e quem quer que toque em uma forma humana, na verdade, toca o céu.

A sabedoria deve ser o Mestre, e a ciência, o servo. A ciência é o produto da sabedoria; a sabedoria é a senhora. Ciência é o produto da imaginação humana; e sabedoria, o reconhecimento espiritual da verdade. A ciência material é um produto do essencialmente egoísta desejo de saber; a sabedoria reconhece a não separatividade de interesses, ela é o reconhecimento pessoal da verdade universal e eterna presente no homem. A ciência, guiada pela sabedoria, pode penetrar os mais profundos mistérios da existência universal, atingindo a Unidade do Todo. Mas se a ciência tenta empregar a sabedoria para a mera gratificação da curiosidade ou algum outro interesse egoísta, opõe-se à sabedoria e transforma-se em tolice. Por conseguinte, o moto favorito dos antigos Rosa-cruzes, entre eles Paracelso, mas, que é compreendido somente por poucos, diz:

> **"Nada sei, nada desejo, nada amo e nada aprecio nos céus ou na terra além de Jesus Cristo crucificado."**

Isso não significa que os Rosa-cruzes tenham resolvido permanecer ignorantes, ou então perder-se a si próprios em pios devaneios ou sonhos de eventos passados, pois Paracelso também disse: "Deus não deseja que sejamos néscios ignorantes e tolos estúpidos"; significa, isso sim, que abriram mão de todas as ilusões pessoais, falsos conhecimentos, desejos, atrações a prazeres, e penetraram a consciência daquela inteligência divina que durante a vida na Terra como que permanece crucificada no homem. Por terem atingido um elevado estado espiritual tornaram-se unos com o Cristo, que em seu interior se transformou na Verdade e fonte de todo conhecimento celeste e terrestre.

A verdade brilha para sempre no reino eterno da Luz, mas o reino da mente, no interior do qual nossa natureza terrestre se move, tem suas leis astrológicas, comparáveis àquelas que vigoram no mundo visível e que são conhecidas pela astronomia. Assim como a Terra se afasta do sol durante o inverno e aproxima-se no verão, assim também a evolução espiritual do homem tem seus períodos de iluminação espiritual e escuridão mental, e existem ciclos pequenos entre os ciclos maiores, da mesma maneira que existem dias e noites no ano. O homem, seja representando a humanidade como um todo, seja uma nação, um povo, uma família ou um indivíduo, assemelha-se a um planeta girando em torno de seu próprio eixo entre os polos do nascimento e da morte. Aquilo que está na superfície mergulha e aquilo que está nas profundezas se projeta de novo à superfície. Verdades desaparecem e são esquecidas somente para novamente reaparecer sob novas, e talvez mais aperfeiçoadas formas. Civilizações, sistemas de filosofia, religião e ciência vão, voltam e se vão novamente, e os modismos absurdos que constituíram o orgulho de nossos pais e motivo de chacota de nossa parte tornam-se novamente objetos de admiração de nossos filhos, e a sabedoria esquecida do passado será novamente a sabedoria de gerações futuras. Desta maneira, a roda sempre se encontrará em movimento, e não haverá progresso e objetivo na vida, a menos que a presença do sol eterno da Sabedoria Divina, agindo sobre o centro da roda, atraia-a em sua direção, quando então o curso das eras gradualmente transforma o movimento circular em movimento espiralar. Então, a cada volta da grande roda, seu eixo move-se imperceptivelmente para um pouco mais perto da fonte de toda a Vida, embora cada período de evolução sempre recomece da parte mais baixa da escala. A escala que estamos ascendendo se encontra talvez um pouco mais acima daquela que nossos ancestrais subiram, ou daquela que nós mesmos subimos em encarnações anteriores; mesmo assim, ainda existem muitos degraus que nossos bisavós alcançaram e que ainda não atingimos. A ciência médica não constitui exceção a esta regra genérica, e podemos afirmar, sem medo de errar, que *o sistema de medicina de Teophrasto Paracelso, ao reconhecer as leis fundamentais da Natureza, é de tão elevada condição, que será necessário que a medicina dos séculos vindouros progrida muito até atingir sua compreensão*, e que este avanço científico não será possível sem um correspondente desenvolvimento espiritual, que será inaugurado por uma concepção correta da constituição humana.

Enquanto a medicina moderna degenerou em simples comércio, florescendo por entre a proteção dos interesses pessoais que recebe dos Governos, a medicina dos antigos era uma arte sagrada que não precisava de proteção artificial, pois, garantida por seu próprio mérito, apoiava-se em seus próprios sucessos. Os médicos Adeptos do passado com frequência realizavam curas que, se excepcionalmente são obtidas no presente, são chamadas de milagrosas, sendo sua possibilidade negada pelos eruditos de hoje, que não possuem os poderes espirituais necessários para a realização destas curas, e consequentemente não são capazes de conceber a existência de tais poderes. Qual é o médico dos dias de hoje que conhece a extensão do poder da vontade espiritual despertada, agindo a uma distância de milhares de quilômetros, ou então o poder que o pensamento humano pode exercer sobre a imaginação da Natureza? Qual o professor de ciências que pode conscientemente transferir sua alma para um local distante e ali agir como se estivesse fisicamente presente, pelo simples poder do pensamento? A prova de que tais coisas foram realizadas, e ainda hoje o são, está estabelecida tanto quanto qualquer outro fato observável e lógico. Entretanto, considera-se um comportamento "científico" negar tais fatos e tratar a teoria que os explica com desprezo. As energias mais sutis da Natureza são tão generalizadamente desconhecidas pelas rudes mentes materialistas que o simples fato de mencionar sua existência desencadeia uma gargalhada entre aqueles que, permanecendo ignorantes a respeito da extensão dos poderes ocultos da constituição humana, precisam de uma marreta para matar uma mosca e um canhão para matar um pardal.

Enquanto os olhos da ciência material estão voltados para baixo, procurando por entre os intestinos da matéria e encontrando somente tesouros perecíveis, também o sentimental idealista deleita-se com sonhos sem fundamento. Estando habituado à contemplação objetiva, o idealista nada obtém de real. Mantendo-se afastado do objeto de sua pesquisa com o propósito de vê-lo objetivamente, acaba impedindo a si próprio de identificar-se com aquele objeto, incapaz de obter qualquer conhecimento pessoal de algo que não é ele mesmo. Também não pode o materialista que nega a existência do Espírito no universo ter nenhum conhecimento genuíno, pois ignora a única coisa que é real, trabalhando somente com as relações existentes entre os fenômenos produzidos pelo espírito desconhecido.

O verdadeiro saber é o resultado não do mero conhecimento, mas, do *tornar-se*, que deve ser o fundamento de qualquer ciência verdadeira. É isso que constitui a *Teosofia ou reconhecimento pessoal da Verdade*, que será a estrela-guia do médico no futuro, assim como foi no passado.